Le Dîwân
de la poésie
arabe classique

Choix et préface d'Adonis
Traduction de Houria Abdelouahed et Adonis
relue par Lionel Ray

GALLIMARD

Nous remercions le poète
Son Excellence Cheikh Mohammad Ben Râchid al-Maktoum
sans lequel ce travail de traduction n'aurait pas pu voir le jour.

PRÉFACE

1.

La langue arabe est une langue du surgissement, de la déflagration. Langue d'étincelles et de vision, une extension humaine de la magie de la nature et de ses secrets. Dans chaque grand poème arabe habite un second poème qui n'est autre que celui de la langue. Et l'existant direct n'est pas le monde mais la langue. Aussi est-elle chez l'arabe préislamique l'énergie créatrice et chez l'arabe, de façon générale, un don divin.

2.

Sur quel critère s'est fait le choix de cette anthologie ? Mon choix est subjectif. Tout choix artistique qui tente de dépasser des critères esthétiques non subjectifs demeure en fait soumis à des subtilités manifestes ou enfouies, enracinées ou passagères, de telle façon qu'il serait difficile de soumettre son mouvement à une logique manifeste.

J'ai tenté de regarder la poésie arabe sous un angle strictement esthétique qui dépasse les points de vue historique et sociologique sans toutefois nier leur importance ou leur rôle. La poésie puise sa propre valeur de l'intérieur : de la puissance, la richesse aussi bien de l'expression que de l'expérience. Ainsi, l'on ne peut considérer la poésie comme une

attestation historique ou sociologique. C'est une voix qui se
suffit à elle-même.

    Qu'Imru'u al-Qays et bien d'autres aient chanté la nuit
du désert ou tel ou tel autre thème n'est pas important en
soi. L'important est la façon dont ils l'ont chanté. Comment
avec un événement ponctuel ont-ils pu atteindre l'universel ?
Son expression conserve-t-elle encore la chaleur, la profon-
deur et la sensibilité de la création ou l'environnement
actuel, historique et sociologique, a-t-il terni cette voix ? Aussi
ai-je opté pour le fil qui va d'un poète à l'autre, celui qui
nous conduit vers l'individu avant la société, la création
avant l'histoire, la poésie avant le thème poétique. J'ai éga-
lement privilégié le poète qui se caractérise par une voix sin-
gulière, la sienne. En particulier si cette voix est justement
celle d'une langue riche, poétique, et qui n'obéit qu'à sa
propre nécessité interne, loin de toute imitation, toute répéti-
tion ou appartenance à l'expression commune.

3.

    « Que l'homme soit une pierre ! » Cette phrase de Tamîm
ibn Muqbil est l'une des clefs essentielles à la compréhension
de la poésie jâhilite *(préislamique). Elle représente un repère*
qui nous permet de voir sa topologie spirituelle et ses exten-
sions. Elle signifie, négativement, que la vie pour l'esprit
arabe est fragile, facile à briser — la vie est un « vêtement
d'emprunt » « corrompu par la mort » qui « circule dans
l'âme » comme « le soleil circule dans le ciel ». Aussi l'homme
demeure-t-il un « otage de l'usure » aussi vrai que la tombe
est « la demeure » de l'homme et de la vérité. Par conséquent,
il n'y a nulle joie à vivre car « quelle joie peut éprouver un
vivant avançant vers sa mort ? » — et positivement elle
exprime le désir de vaincre la fragilité et la mort. En se
découvrant, le poète arabe découvre l'absurdité du monde
dont son destin est tributaire. Son moi se développe dans
une unité double qui n'a nul lien avec ce qu'il contemple.
Plus il réfléchit, plus il mesure l'étendue de l'abîme qui l'en

sépare. Et lorsque l'homme réalise sa séparation d'avec ce qui l'entoure, ce manque devient évident. D'où sa soif d'une perfection qu'il ne peut atteindre que hors de lui-même. Il sent alors qu'il partage avec les choses une existence qu'il ne vit que momentanément, furtivement. Il éprouve ainsi la souffrance de celui qui s'avoue à la fin vaincu. Il vit en dehors de lui et en dehors du monde : triste, isolé, il attend, s'ennuie, risque, espère triompher du temps, de la mort et du changement. Il espère devenir pierre.

Cette saisie a un caractère dramatique chez le poète préislamique. Car dans sa quête des issues ou des échappatoires, il n'était pas mû par un mouvement religieux vers le divin. Il restait suspendu au sol, quêtant à travers son idolâtrie une élévation d'un autre genre, une espèce de hauteur terrestre. Le poète préislamique n'avait que la terre. Terre à laquelle il demeurait fidèle, respectant son rythme. Le désert revêtait pour lui la signification du dehors. Il est le lieu du changement et de l'absence. Il requiert une importance capitale dans la compréhension de la poésie préislamique.

Le lieu chez le poète préislamique a deux faces : il est aussi bien attractif qu'angoissant. C'est dans ce lieu que s'affirment et se déploient les entreprises et la vaillance du chevalier. Et c'est de ce lieu également qu'émanent toutes les chutes. En outre, le lieu de ce poète — avec son vent et son sable — est circulaire, labyrinthique, là tout est perte et confusion. C'est le lieu de l'errance. D'où le paradoxe de faire de ce lieu un abri et le regret de voir les choses se dissoudre, se détruire et manquer. Aussi le lieu devient-il une langue seconde dissimulée dans les plis du poème préislamique.

4.
Puisqu'il n'est pas dans la possibilité du poète préislamique de dominer le lieu, il emplit son monde d'actes de bravoure et d'héroïsme en guise de réparation. Dans l'héroïsme, se transforme l'image du monde. Ce dernier réfléchit l'idéalisme individuel en devenant mouvement, action et

héroïsme. Le monde capitule devant l'héroïsme comme il le fait devant le rêve. Et dans cette union entre le héros et le monde, disparaissent les frontières entre celui-ci et l'homme, entre l'essence et l'apparence des choses.

L'héroïsme s'exprime grâce à une langue en mouvement qui s'adresse aux nerfs, à la peau, aux muscles, aux organes des sens et séduit l'âme. La langue devient alors l'image du mouvement de la séduction vigoureuse, chaîne de gestes et de signes subtils qui envahit le corps d'effervescence jusqu'à la fureur.

L'héroïsme du poète jâhilite *n'est pas force aveugle, mais bravoure qui embrasse et respecte même les ennemis. La captive, par exemple, n'est pas humiliée mais demeure libre « se mêlant aux plus nobles femmes » (Ḥâtim aṭ-Ṭâʾî). Le meurtre n'est pas une fin en soi, mais une défense et une sorte de triomphe. Le héros ne combat pas celui qui est seul, isolé ou celui qui a capitulé ou encore celui qui sollicite un secours. L'héroïsme atteste de l'absence de peur chez le chevalier et de la force de sa détermination.*

Avec l'arrivée de l'islam, l'héroïsme a pris une teinte religieuse. Le chevalier préislamique n'avait aucune consolation dans un au-delà de la mort. Il pensait que son triomphe et son échec n'étaient déterminés que par sa propre volonté et non par la volonté divine. Ainsi l'amertume enveloppée dans les plis de l'héroïsme s'évanouit lors de l'arrivée de l'islam. Désormais le chevalier est celui qui « capitule au nom de Dieu » (Abû aṭ-Ṭufayl).

La personnalité du chevalier préislamique est complexe : engagée et libre, solidaire et seule, errante et sédentaire en même temps. Dans sa vie quotidienne, le poète jâhilite *s'organise dans l'anarchie et s'harmonise dans l'étendue d'un lieu informe. La nuit, il demeure prisonnier de son jour et le jour, il aspire à la rencontre de la bien-aimée. Il est l'ami du vent, du soleil et des distances. Mais au plus profond de son être, quelque chose le tourmente, l'excite, l'anime. Rien n'étanche la soif qui l'habite et rien ne l'apaise. Son héroïsme*

*prend la signification d'une vengeance contre cette nature
qui l'entoure, contre son immensité et son vide.*

*Toutefois, à côté de cet héroïsme existe ce que je peux
nommer « l'héroïsme de la non-appartenance », celui des
poètes-brigands (aṣ-ṣa'âlîk), des gueux et des révoltés de
façon générale. L'héroïsme ne s'appuie guère sur le senti-
ment du devoir, mais sur une individualité qui ressent de
façon quasi tyrannique qu'elle est apte à détruire les lois de
la nécessité afin de réaliser l'impossible. La volonté est allé-
gorie pure. Elle est la première qualité de l'héroïsme. Et le
héros est un homme épris de volupté. Afin de la savourer et
de la vivre, il va jusqu'aux limites de sa nature même si
cela s'oppose aux lois et à la morale de la société. Au contraire,
il voit « la vie solitaire comme le meilleur des compagnons »
(Ta'bbaṭa sharrâ) et prend pour compagne « la vie solitaire
et sauvage » ('Ubayd ibn Ayyûb al-'Anbarî).*

5.
*La poésie préislamique part du corps. Le plaisir du corps
offre une joie de possession et de perfection qui permet au
poète de goûter au paradis terrestre. Pour lui, la femme est
oasis, eau, beauté entière, symbole de fertilité et de sécurité,
de ce qui crée et ressuscite, de ce qui demeure haut et sublime.
Lorsqu'il possède la femme, il sent qu'il domine la nature
elle-même. Comme si, pour le poète, la femme recelait une
force qui influe sur le corps et l'esprit. Aussi la compare-t-il
à la nature qu'il regarde à travers elle. À tel point que l'on
peut penser à un triomphe de la femme sur l'homme. Il se
peut que la virginité puise dans ce sentiment. Déflorant la
femme, le corps du poète connaît une telle transformation
qu'il pense, lui, né de la femme, la créer à son tour.*

*Toutefois, à côté de l'amour charnel, voici l'amour cour-
tois ('udhrî). Le monde devient pour le poète une image de
sa bien-aimée et toute chose est à l'image de son amour : il se
purifie, scintille, ôte son vêtement opaque ou sombre afin de
devenir pur esprit. La poésie courtoise est à l'image de*

*l'amour courtois : une matérialisation de la vie dans son
échec sacré, dans cette soif éternelle et la nostalgie de l'âme.
Et lorsque le poète courtois s'adresse à sa bien-aimée dans la
langue de l'imploration et de la douleur, il offre un ersatz
poétique à l'acte de l'amour. L'homme pénètre la femme
comme une terrible force qui s'anéantit rapidement et som-
meille toute faible dans ses entrailles à l'instar de l'enfance.
Son désir de mourir n'est que l'écho de sa disposition pre-
mière. Dans l'acte amoureux, l'homme suspend les habi-
tudes de la vie pour entrer dans le monde du ravissement,
de l'euphorie et de l'absence. Monde aux confins de la mort.
Semblable à la mort.*

*La virginité et le corps sont deux pôles de l'amour chez le
poète arabe. La première est régression vers l'intérieur et
pureté. En revanche, le second est direction vers le dehors et
plongée dans le sensible. L'une et l'autre sont les deux faces
d'une réalité première dans la vie de l'homme et une res-
source naturelle, innée.*

*La sensibilité poétique arabe dans le domaine de l'amour
nous introduit dans une dialectique du plaisir et de la dou-
leur, entre le renoncement et la possession, entre la joie et le
regret. Cette sensibilité est le contraire du plaisir qui lutte
contre la douleur afin de triompher d'elle. Elle est également le
contraire de la douleur qui se veut négation de la douleur.*

*Plus on pénètre dans le monde du poète préislamique,
mieux on saisit cette unité plaisir-douleur.*

*Le temps est l'ennemi du poète jâhilite de façon générale
et de l'amoureux en particulier. Le temps de celui-ci n'est
pas le temps ordinaire, habituel. Il est instants de passion et
de rencontre. Le temps ne coule pas comme l'eau, mais se
divise à l'instar des sauts des papillons. « Que le temps s'ar-
rête ! », tel est le désir du poète. Et telle est l'essence de toute
expérience poétique et amoureuse.*

*Chez le poète 'udhrite (de l'amour courtois), l'amour
devient le lieu où se rencontrent la vie et la mort, la joie et
la douleur, la tombe et la résurrection. Chez les 'Udhrites,*

l'amour va de pair avec la mort. Nul amour sans la mort et sans la douleur. Et toute chose dans l'existence du poète 'udhrite devient, grâce à la force de l'amour, magie et alchimie de transformation. Qu'il s'unisse à la bien-aimée ou pas, sa poésie demeure un moyen de vaincre le temps physique et une création d'un temps subjectif autre, plein, qui ne passe ni ne s'écoule. Un temps furtif, parallèle au Temps.

6.
La poésie arabe est un témoignage. Le poète n'avait nullement l'intention de changer le monde, de le dépasser ou de le recréer autre. Il désirait seulement s'entretenir avec le réel, le décrire et témoigner pour lui. Il aimait les choses qui l'entouraient pour elles-mêmes et ne tentait guère de voir dans le réel son au-delà, mais seulement de le voir tel qu'il est, avec tout ce qu'il y a en lui. C'est de cette manière que tout acquiert sa valeur sur la toile du désert : du lézard à la montagne et de l'astre au caméléon. Le poète préislamique reste innocent devant la nature à l'instar du soleil qui éclaire les choses du monde sans aucune distinction entre le plus important et le moins signifiant. En sa qualité de témoin, le poète désirait donner une image conforme à ce qu'il voyait. Au fond de lui-même demeure ce qui bondit et se rue sur le dehors afin qu'il devienne comme lui : tente, étendue désertique et nuit. Ce poète ne regardait pas les choses à travers ses préjugés. Son regard était simple, clair, limpide. La nature n'était qu'un miroir de ses expériences.

Pour le poète préislamique, le monde est un horizon de travail libre. Et lorsqu'il se heurtait à des obstacles, il refusait avec détermination que le monde extérieur lui dicte une signification ou une attitude à adopter. Il s'en séparait afin d'affirmer son autonomie et de la célébrer même dans l'échec, la chute, voire la folie ou le crime. La purification pour lui était dans la vie et non après la vie.

L'Arabe d'avant l'islam demeure l'un de nos modèles les plus exemplaires : il désirait les choses, les dévorait, en cher-

chait d'autres. Sa relation avec ce qui l'entourait rappelle la
relation du Créateur avec ses créations. Il refuse la stabilité
et la limite et prône le mouvement et l'action. Il est l'ennemi
de l'existence stable. L'on peut dire que ce poète ne prend
conscience de son existence qu'au moment où il refuse cette
existence, à savoir le moment de l'aventure. Avec celle-ci, grâce
à elle, la pression du monde s'allège ou s'évanouit. Aussi le
monde devient-il le chevalier de l'agrément et du don.

Dans le regard du poète préislamique, les choses passent,
traversent et voyagent tels les nuages qui disparaissent hâti-
vement, rapidement, après qu'ils ont été aperçus. Chaque
instant qui passe devient le souvenir de ce qui se perd ou
s'absente. Et chaque regard devient un instant du passé. Et
s'accroche alors au présent qui emplit l'espace entre lui et le
monde. L'emplissant, il ne se venge pas uniquement de la
nature mais ressent sa domination. Et le désert est un espace
qui demeure toujours le même ou presque. Ce que nous
voyons aujourd'hui apparaît conforme à ce que nous avons
vu hier. L'avenir n'est qu'un passé falsifié. Nous ne connais-
sons rien de nouveau, mais répétons d'une autre manière
notre connaissance de la chose même, ou de la même chose
drapée dans de nouveaux habits. Toute chose préexiste.

7.
   La poésie arabe émane d'une âme rebelle. Et la générosité
est l'autre face de l'orgueil démesuré qui peut aller jusqu'à
l'anéantissement de l'autre. Le poète jâhilite *vivait* une
relation dialectique avec une nature variable comme sont le
sable et le temps impitoyable. Ses instants de vie étaient dis-
séminés, émiettés, écrasés dans une ignorance de ce que peut
être l'ennui des plaisirs durables, permanents. Seule connais-
sance : des étincelles qui s'affaiblissent hâtivement (sa joie
était aussi furtive que sa peine). Il ne pouvait supporter les
chaînes d'un ordre bien déterminé, quel qu'il soit : intellec-
tuel ou social, il ne disposait pas d'une vision achevée de
son existence. Capable de violence comme de tendresse, il

était puissance sensible dédiée à la chevalerie et à l'amour.
La poésie reflète ce style d'être et d'existence. Dépourvu de
cohérence entre les parties, le poème n'a, en outre, guère de
cadre structural. C'est un poème avant tout mobile qui suit
le sentier de l'émotion, allant vers elle, à sa rencontre,
emporté par un sentiment qui ne cesse de se transformer.
Ainsi, l'incohérence formelle extérieure s'avère naturelle.
Avec les mots, le poème peint l'espace-labyrinthe-désert. Ce
sont des choses monotones. D'une monotonie extraordinaire,
« superbe », selon l'expression d'Albert Camus.

8.

On peut énumérer, entre la période préislamique et le
VIIIᵉ siècle de l'ère chrétienne, cinq orientations poétiques ou
du moins des traits caractéristiques :
— Un axe qui traite du sens de la vie et de son au-
delà.
— Un autre qui repose sur l'image poétique comme une
puissance suggestive.
— Un troisième axe qui prend une coloration politique
car pour la première fois nous rencontrons un prosélytisme
de nouveaux principes et de pensées représentées par un cou-
rant politique.
— L'axe des non-affiliés : celui des poètes qui — à cause
des conditions socio-économiques et politiques — étaient
obligés de vivre en dehors des lois du royaume ou de la
société élisant pour demeure tout lieu où régnait la liberté.
Ce courant est représenté par les poètes-brigands, les gueux
et les révoltés de façon générale. Leur poésie est un monde
singulier.
— Et enfin, ce que nous nommons « le courant magique »
représenté par al-Ḥakam ibn ʿAmrû al-Bahrânî. Poète dont
je n'ai trouvé qu'un seul poème et dont l'anamnèse reste
incertaine. Il se peut que les hagiographes et les historiens
arabes aient négligé ce genre de poésie dont ils n'ont rien

conservé ni écrit. *Disons toutefois que ce courant se déve-loppa plus tard chez les soufis.*

Le poème de Bahrânî est habité par un brouillage des règles et une grande révolte contre la stabilité de la nature. Il est une magie qui crée son ordre propre et sa propre nature. Toute chose est soumise à toute chose et le monde, si l'on n'en possède ne serait-ce qu'une infime parcelle, devient nôtre. Nonobstant, le changement magique ne signifie pas que le monde est factice, né d'hallucinations sous l'effet des drogues. Au contraire, le monde est réel. Toutefois perdu. Cette poésie, d'après le peu de choses qui sont en notre dispo-sition, est prière et amulettes. Elle est élévation au-delà de la poésie. Toute chose se mêle à toute chose. La mort à la vie, la folie à la raison, la terre au ciel, le corps à l'âme.

9.

De l'agrément au questionnement : c'est la ligne que trace la sensibilité poétique arabe entre Imru'u al-Qays et Abû al-'Alâ' al-Ma'arrî. Dans l'acceptation nous décelons la satisfaction, la sécurité et la certitude. Dans le questionne-ment, la révolte, le refus et le doute. L'agrément est allé-gresse, le refus, doute et inquiétude. Le premier est signe de stabilité, le second, signe de changement.

Artistiquement, le changement prônait (et fut représenté par) la rupture d'avec la ligne poétique arabe, et sociale-ment, le refus des principes répandus à l'époque.

Le développement social et démographique contribua à l'affaiblissement des relations entre le poète et l'autre, entre le poète et la nature. Ses réactions allaient de la solitude à la moquerie, l'orgueil ou la révolte. Le poète « au temps des singes », selon l'expression d'Abû Nawwâs, était habité par le sentiment d'une nécessité d'innovation. Il avait conscience de l'existence d'un fossé entre lui et l'autre. Sa solitude lui conférait, néanmoins, le sentiment d'être en avance par rap-port à son temps.

10.

Ce sentiment d'étrangeté et de séparation d'avec les autres
— « la rouille de la vie », selon l'expression d'Abû Tammâm
— est ce qui caractérise l'expérience poétique d'Abû Nawwâs,
Abû Tammâm, al-Mutanabbî et al-Ma'arrî.

Ce sentiment d'étrangeté et de détachement va utiliser
l'ironie et la satire qui se développeront à l'époque abbas-
side. Le pamphlet touchait même les principes religieux. Les
poètes transférèrent les expressions du sacré à une vie de
divertissement et de plaisir. Désormais, un nouveau sacré
s'opposera au sacré hérité. Ce nouveau sacré occupera la
scène, en particulier lorsqu'il s'agit du vin comme chez Abû
Nawwâs.

Quant au pamphlet, il devient exil. Le poète doute de lui,
de sa poésie et de l'autre comme chez Ibn Rûmî. Entre la
moquerie triste, amère et la moquerie qui reflète le sentiment
de catastrophe, le monde environnant se brise et s'effrite. La
dérision traduit une nécessité spirituelle. La société écrase
le poète et ce dernier, à son tour, l'écrase et le méprise. La
dérision prend dans la poésie arabe la place de la tragédie.
Chez Abû Nawwâs, elle est devenue une vision du monde
au lieu de la philosophie ou de la morale.

Ainsi la moquerie dans la poésie arabe ne s'est pas
contentée de porter sur les fissures ou les dérèglements du
monde extérieur, mais aussi sur les fissures internes qui
menacent l'essence du monde, qui font douter de l'homme et
de l'ordre qui gouverne le monde.

Mais quel sens attribuer à la moquerie ou à la dérision
chez le poète arabe ? Disons : le désir de posséder les choses et
le triomphe de la conscience sur ce qui l'entoure. La dérision
permet au poète de s'exprimer avec véhémence selon un mou-
vement qui libère le monde, ne serait-ce que temporairement,
de son sommeil. Dans la dérision existe un courage excep-
tionnel qui incite le poète à l'exercer sur lui-même. Toute-
fois, l'autodérision ne parvient pas à effacer le côté sérieux
ni à être un moyen cathartique à long terme. Elle ne guérit

ni n'apaise « le fardeau du temps » mais l'alourdit davan-
tage. La moquerie ou la dérision sont à l'origine d'un nou-
veau genre que je nomme « le tragique sérieux ». Ce dernier
marqua de son sceau en particulier la poésie d'Abû al-'Alâ'
al-Ma'arrî.

11.
Bashshâr ibn Burd est le premier à avoir décrit le change-
ment dans la sensibilité poétique arabe.
Depuis Bashshâr, la poésie est devenue un art véritable.
Outre le souci de style, il y a l'expressivité formelle. Les cri-
tiques considèrent Bashshâr comme le premier des nova-
teurs, mais ne remarquent que l'étrangeté des images, à
savoir l'utilisation des métaphores inconnues des premiers
poètes. En outre, ces mêmes critiques qui ont saisi en quelque
sorte l'importance de la forme dans sa poésie, n'ont pas su
mesurer à quel point cette poésie ouvrait des horizons nou-
veaux. Bashshâr bouscule l'intelligibilité héritée et fait
douter de sa stabilité. Toutefois, si Bashshâr exprime ce
doute par le biais de la forme, Abû Nawwâs l'exprime,
quant à lui, par le biais du contenu ou l'angle de vue. Abû
Nawwâs contestait au poète la possibilité de parler d'une
chose sans l'avoir vue ou sentie. Comment un poète, par
exemple, peut-il — sans avoir vu — adopter le procédé de
quelqu'un qui décrit ce qu'il a vu ?
Nous concluons :
— que la poésie est un art qui inspire et qui dépasse,
— que se développe avec chaque poète sa façon singu-
lière d'exprimer son expérience de la vie. En art il n'y a pas
de forme arrêtée une fois pour toutes.
— Que c'est le lecteur qui doit s'élever jusqu'au poète et
non le contraire et que ce dernier ne doit pas s'en tenir à un
style de convention. Le poète a une langue particulière qui
se distingue de la langue du public, que ce public soit illettré
ou intellectuel.
Chez Abû Tammâm par exemple, si la structure poétique

*classique est dépassée, cela ne signifie pas une rupture d'avec
l'âme poétique arabe. C'est au contraire le surgissement en
elle et à partir d'elle d'un autre horizon. Abû Tammâm était
habité par le désir et la volonté d'innovation. Sa poésie sur-
prenait telle l'étoile, bien proche en apparence et combien
lointaine. Comme la magie.*

*Sa poésie — éventail de significations, d'imagination et
de sentiments — se déployait à la verticale. La poésie surgit
non seulement dans les affects et les sentiments, mais dans
la contemplation, la saisie intellectuelle, l'imagination et la
réflexion.*

*Abû Tammâm a inventé une nouvelle langue qui diffère
aussi bien du parler de la vie quotidienne que de la langue
poétique répandue à cette époque. Ses images se distin-
guaient des autres images poétiques connues. D'où l'aspect
obscur de sa poésie. Lorsqu'il compare la chute de la pluie à
des fils qui se défont de l'habit du ciel, que la pluie est une
éclaircie ou que l'éclaircie est « une pluie cachée », que le
jardin « dévoile sa tête » et que « le lieu se voile », que la terre
ressemble à une femme « qui se voile et se dévoile », il crée
pour la pluie un climat si singulier que l'on finit par croire
que le monde entre ses mains est pur mélange où les rela-
tions et les qualités humaines deviennent des relations entre
les choses et leurs attributs. Avec cette sensibilité créatrice il
décrit le vin comme « la monture du désir dans les entrailles »
qui crée « une distance semblable à celle de l'exil dans la
poitrine de l'affligé » (en arabe le terme qui désigne le vin est
féminin). Il parle également de « l'obscurité vêtue de
lumière » et de « la clarté sombre ».*

*L'obscurité dans la poésie d'Abû Tammâm vient de la
subtilité de sa pensée, de sa force réflexive et non de la fai-
blesse de son expression. Cette obscurité n'est pas opaque,
mais transparente : « Obscur comme le diamant », disait
Jean Cocteau à propos de Mallarmé. Tout grand poète est
obscur de cette obscurité du diamant.*

Avant Abû Tammâm, la description était une imitation

sensible du réel. Mais après Abû Tammâm, le poète aspira à transcender la forme extérieure du monde pour aller vers l'essence. Aussi la description devenait-elle plus forte que la nature car elle exprimait une puissance suggestive qui rendait les choses vivantes. Ainsi, la poussière devint chez Sharîf ar-Radî, « un torrent » et « les chevaux, des barques » qui nagent en lui, les nuages ont des « cous qu'on égorge » sur la terre du pays, l'obscurité est une chaîne qui enserre le col des nuages, les étoiles sont des bulles dans la rivière de la nuit, « la galaxie une branche fleurie sous les paupières des étoiles » et « le cœur du poète une écharpe pour sa bien-aimée ».

Abû Tammâm inaugure le début d'une sphère nouvelle dans la poésie arabe. Son écriture témoigne d'une grande créativité. Il ne marchait pas à l'aveuglette derrière ses affects. Il est le premier poète arabe à avoir créé pour son art des chaînes contraignantes et à avoir su danser à l'intérieur, comme disait Nietzsche. Aussi était-il le prisonnier de sa création. La poésie pour lui n'était pas prisonnière de la vie mais elle embrassait la vie.

Il a préparé le terrain à la poésie soufie et au style poétique symbolique. Il est la limite qui sépare : la poésie avant lui fut une possibilité d'intégration et d'adaptation, après lui elle sera une puissance d'exil et de surprise.

12.

Abû Tammâm a libéré la poésie de « la forme toute prête », alors qu'Abû Nawwâs l'a libérée de « la vie toute prête » en s'inspirant du « sérieux de la vie », selon son expression. Son premier cri fut : « Ma religion m'appartient. » Tel est le cri depuis Baudelaire.

Ma religion m'appartient signifie que le poète revient vers son monde intérieur. Pour Abû Nawwâs le temps n'est pas seulement un courant qui emporte et efface, mais il donne également aux choses leur présence et leur puissance, nous montre, en outre, la profondeur de notre vie antérieure et l'horizon de notre vie future. Dans la poésie d'Abû Nawwâs,

seul le présent compte, le présent plein, opaque et certain qui
supplée l'avenir.

Et lorsque le poète se représente la mort et vit en sa présence,
il l'apprivoise, la rend familière et la vide de son aspect ter-
rorisant, aspect également de la chute. Il rencontre la mort
avec volonté et détermination. Il vit sa fin au lieu de vivre
sous l'éternelle menace de la mort. Il « se soigne avec le mal ».
D'où l'appel de l'être menacé à plonger dans les plaisirs de
la vie (Abû Nawwâs). Il ne s'agit pas de fuir, mais d'af-
fronter l'inconnu et de continuer à l'affronter avec profondeur
et indulgence. C'est le temps vertical et le présent de l'âme.

La question pour Abû Nawwâs est la suivante : vivre
pleinement, transformer la quantité d'existence en qualité et
le bloc de temps en valeur. Il n'était pas intéressé par la vie
mais plutôt par sa valeur. Sa poésie transforme le temps en
un présent qui luit et s'étend, un temps second, à côté du
temps premier. Temps de la passion et de la volupté, parti-
culièrement nawwassien. La passion emplit le temps et le
dépasse, ce dernier est le paradis de la terre dans un ciel de
rapt et dans un temps magique qui ne connaît pas le temps.
Ainsi la fonction du temps change-t-elle. Il est habituelle-
ment un moyen dont se sert la mort et devient ici dans ce
paradis un moyen de plaisir.

Le vin pour Abû Nawwas est une source de transforma-
tions à l'image des aspirations du poète et de sa rêverie. Il
est « lueur et clarté » et « matin éclairé », feu qui s'enflamme,
vieux et embryon… Aussi a-t-il un autre temps, étranger :
temps de lumière et de soleil qui ignore la nuit.

Par cette puissance de transformation, le poète se révolte
contre Dieu lui-même. Il est le poète de la faute car poète de
la liberté.

Cette faute chez Dîk al-Jinn al-Ḥimsî devient un crime
sacré et nécessaire. Une certitude absolue de liberté et d'hon-
neur, l'essence de l'individu. Car pour Dîk al-Jinn, l'amour
ne connaît pas la chute et le temps n'est autre que celui du
feu du présent.

Abû Nawwâs a extirpé la poésie de la morale religieuse. Il est le poète de la faute car poète de la liberté et l'être nawwassien est un être en accord avec lui-même. C'est un être qui affronte Dieu en ayant recours non pas à la religion de tout le monde, mais à sa propre religion.

Cette expérience s'achève dans un climat de symboles. Le monde et le poète paraissent comme un autre genre de « société » où se réalisent grâce à la puissance poétique les rêves du poète et ses rencontres avec lui-même. Il y a une ressemblance entre l'homme et la nature. De cette ressemblance, le poète puise ses métaphores, ses allégories et ses images. Dans la poésie d'Abû Nawwâs, la nature n'existe pas en elle-même ni pour elle-même. Elle est un trésor illimité d'images et de formes. Chaque forme, aspect, mouvement ou couleur dans l'âme a son correspondant dans la nature. La nature n'est plus choses et thèmes, mais symboles, mots et images. Et les choses ne sont plus des extensions de la nature mais de l'homme.

Cette vision s'est largement développée après Abû Nawwâs. L'expérience des poètes, surtout dans son aspect affectif chez Abû Firâs par exemple, ouvre sur un attachement à la terre et aux choses de la terre. Nous voyons là les prémices du courant romantique. L'on peut considérer le poème d'Abû Firâs, qui s'entretient avec une colombe alors qu'il est emprisonné, comme le premier poème romantique arabe selon la définition moderne de ce terme. La poésie réalise une magie où le monde devient amour : le nuage, le torrent, de même que la ville. Le poète aura à s'imprégner de l'amour et du souffle de l'amour.

13.

La révolte du poète contre la société devient plus palpable, plus grande et plus personnelle chez al-Mutanabbî. Al-Mutanabbî s'insurge face aux autres tel un monde vaste de certitude et d'orgueil. Dans sa poésie, il s'entretient avec son moi. Sa poésie est une louange à la grandeur de l'âme humaine, dictée par la dialectique de la limite et de la non-

limite. L'ambition ne connaît point de frontière chez lui. Il attend de son époque ce qu'elle ne peut donner. Sa poésie et lui-même s'orientent à la verticale, dans les horizons de la grandeur, sans pouvoir atteindre une gloire qui les apaiserait, où ils pourraient s'arrêter. Ainsi, la vie reste pour lui une ébauche permanente.

Mais si l'espace est étroit et le temps vieilli, il n'en demeure pas moins que le poète a son propre espace et son propre temps qui demeurent vastes et libres. Son unique souci : un re-commencement et une virginité toujours intacte. L'arrêt est pour lui synonyme d'impuissance. Et afin d'éviter toute altération, il veut atteindre l'impossible. Sa poésie n'est que chants qui s'élèvent et vibrent autour de ce berceau, là où nous touchons les rides des individus et du monde, là où le cortège des mots enlace le cortège de la terre.

Al-Mutanabbî a créé tout un univers de mots et de paroles, à la hauteur de son projet qui remue, avance, attaque, vainc, dépasse, emporte... comme s'il était une réponse à son être, son extension et son achèvement. Ces paroles créent à partir de l'imagination d'al-Mutanabbî et de son ambition un être légendaire qu'expriment des voix et des échos, un être plein de bruit et de silence.

Al-Mutanabbî est une âme indomptable, orgueilleuse. Il est seul. En fait il est le seul. Sa solitude est un destin obligé car l'homme est « son propre ami intime ». Chaque unique est seul. Chaque novateur est seul. Le vent est unité énorme et la terre, unité silencieuse. Le ciel est une unité étincelante et sombre et al-Mutanabbî, unité en colère que rien ne satisfait. Toutefois, sa solitude n'est point fuite hors le monde, ou fuite vers le repos et la quiétude. Sa solitude n'est point un royaume clos sur lui-même. Mais unité d'affrontement — affrontement du monde, de la moquerie, de la solitude, de la grande souffrance : celui qui ne possède que des horizons inatteignables, son âme est emplie de gouffres douloureux. La grandeur a son répondant : la catastrophe

*lorsqu'on tend à toucher la première étincelle. L'unité de
l'amitié avec les extrêmes : le succès ou la mort.*

*Il choisit l'exil avec la certitude qu'il n'y a de grandeur
qu'en lui-même. Ami de l'angoisse et du vent, il se passe de
la patrie, différent des gens comme s'il n'en faisait pas
partie. Ils sont tout petits, troupeau du «non-libre» qui
mérite qu'on lui fracasse le crâne à l'instar de l'idole. Quant
à la femme, une heure lui est réservée, seulement une heure.
L'heure de sa part animale. Son être reste avec ce qui n'a
point de limites, qui est au-delà de la nomination, de l'ho-
rizon vaste qui, à ses yeux, rétrécit.*

*Il se peut que son corps connaisse la vieillesse, mais son
âme ne la connaît point. Comme s'il avait une autre âme.
Même la mort a pris soin de lui, l'a embrassé. Elle est
devenue une amie, tendre, un remède qui le guérit de lui-
même. Depuis ce temps, il ne s'est plus occupé du temps. La
présence et l'absence sont devenues égales, la mort et la vie,
la joie et la tristesse.*

*Al-Mutanabbî est le premier poète arabe à briser le collier
de la suffisance et à transformer la limite en un horizon
illimité. Il est la braise de la révolte au sein de notre poésie,
déluge de grondements des profondeurs. Et la mort est la
première chose à mourir dans ce déluge.*

14.

*Aspirer au rapt, à l'extase, au changement est une autre
forme de révolte contre la société. Ce sont des moyens pour
échapper à une monotonie quotidienne et pour entrer dans
un monde autre, caché. Dans la nature humaine demeure
la source de cette nostalgie ou de ce désir. L'homme aspire à
dépasser les choses vers leur au-delà. Et la fonction de la
poésie est d'ouvrir la voie qui mène à ce monde caché.*

*À ce moment, la poésie devient surprenante, ennemie de
la raison, frappant par son étrangeté, mêlant l'étranger
avec le familier, le manifeste avec le secret, le sujet et l'objet,
le jour et la nuit, le réel et le rêve. Le monde intérieur est le*

*seul monde réel. Le monde est passion de l'âme et fougue.
La passion devient un dieu comme le dit Ibn Bâbik.*

*Ibn Bâbik n'est pas désespéré. En fait, il est «fils du
désespoir». Depuis le début, il refuse le monde. Le désespoir
aime et désire. «Il est frère tendre.» Le désespoir accorde
joie, ombre, et jouissance.*

*Il ne reste au poète qu'à créer un autre monde bâti d'autres
maisons, un monde qui emprunte d'autres sentiers, et cherche
ce qui ravit la raison jusqu'à ce que la mer se transforme en
«une flaque d'eau» et que les montagnes s'arrondissent et
deviennent minuscules comme «une balle». Il enjambe la
terre et «atteint le ciel» sans fatigue, et comment connaîtrait-
il la fatigue alors qu'il a adopté «le pas des vagues»? Et la
vie elle-même l'emporte comme une vague. Parfois, il voyage
vers son autre monde, d'une autre manière, en montant sur
des «chevaux cachés par le vent». Dans ce monde, il s'entre-
tient avec des étoiles qui s'entretiennent avec lui. Il est leur
semblable. En devenant un astre, il entre dans le système
solaire et fait partie de ce système. Là est la véritable exis-
tence, celle du néant dans le monde des humains.*

*De quoi se plaint-il alors? que sa poésie ne soit pas entendue?
Ce n'est pas si grave. Que sa poésie soit cet éclair qui s'inscrit
sur la pierre? Il sait qu'il n'a point de défauts. Son seul désa-
grément c'est d'être parmi les gens de son époque.*

15.

*«La fin de la vie est la mort», dit Abû Tammâm. La
mort poursuit l'homme. La vie est une mort sur la terre. Ou
bien elle est «le nuage de la mort» (Abû al-'Alâ' al-Ma'arrî).
Abû Nawwâs n'est pas parvenu jusqu'à l'extrême de la tra-
gédie. Il est resté dans le dialogue entre l'âme et la faute,
entre l'instant du plaisir et l'avenir de la délivrance. Abû
al-'Alâ' al-Ma'arrî a embrassé ses extrêmes et les a dépassés.
Si la vie chez Abû Nawwâs commence maintenant et en cet
instant, chez Abû al-'Alâ' al-Ma'arrî, elle commence après
la mort. Il ouvre sur un enfer dans lequel il pénètre. Il*

*s'entretient avec la mort, la prend pour amie et l'invite
jusqu'à la fin.*

*Sa première réaction devant la mort est l'ascétisme. Aussi
se plaît-il dans la solitude en fuyant la société. « Toute la
vie est fatigue » ou « épuisement ». L'extraordinaire, c'est que
l'homme persiste à vouloir vivre, désire vivre.*

*Mais Abû al-'Alâ' al-Ma'arrî ne crée rien de nouveau en
matière d'ascétisme. Abû al-'Atâhiyya l'a précédé avec son
style de crainte. L'homme, dit-il, chute seul dans ce monde
et part seul ne gagnant que la poussière qui couvre sa tombe.
La tombe est le lieu de la transformation effrayante. Le
visage se déforme et le parfum de l'humain devient puan-
teur, la chair tombe en lambeaux. Pourquoi l'homme croit-il
en ce monde, et s'en enorgueillit-il ? Pourquoi le soulève-t-il
« du dessous de ses pieds pour le mettre sur sa tête » alors
que la tombe est sa seule demeure ? Et la délivrance.*

*Mais si Abû al-'Atâhiyya a créé un début d'ascétisme,
Abû al-'Alâ' al-Ma'arrî le crée à partir de la mort. La mort
est le véritable élixir qui guérit, purifie et sauve. Il regrette le
fait d'être un homme prisonnier de sa mort qui s'écoule len-
tement. Il est mort avant d'être enseveli. La vie n'est en fait
que la mort, avançant : le vêtement que met un homme est
son linceul, sa maison est la tombe, sa vie est la mort et sa
mort est sa résurrection et sa réelle vie. Donc pourquoi
l'homme n'aspire-t-il pas à la mort ? Pourquoi vit-il illusoi-
rement ? Existant-non existant, vivant avec l'autre, celui
que « Dieu a pétri à partir de la saleté ». Il est absolument
souillé. Même la terre ne pourra se purifier que lorsque
l'homme aura disparu de son sol. L'homme est condamné à
l'expatriation. Il est étranger parmi les vivants et étranger
après sa mort. Le pire des arbres est celui qui fructifie les
hommes. La patrie est une prison et la mort est un acquitte-
ment. Seule la tombe est la citadelle de l'humain. Et il vaut
mieux qu'il meure arraché comme un arbre de telle sorte
qu'il n'y ait de possibilité d'avoir des branches ou des racines.*

Tel est l'homme : une guenille qui disparaît dans la toile de l'univers, un verre qui se brise une fois pour toutes.

Abû al-'Alâ' al-Ma'arrî meurt de ne pas mourir. L'homme n'a pas de principe solide sur lequel s'appuie son existence, ni à l'intérieur de lui ni à l'extérieur. La vie est pourrie par principe et la naissance est une faute originelle.

La poésie d'Abû al-'Alâ' al-Ma'arrî lève le voile sur le manque. La vie est principalement absente hier comme elle le sera demain. Le monde n'est qu'une chaîne d'absences éternellement présentes. Et l'homme n'est qu'une suite de chutes qui attendent leur fin. Aussi refuse-t-il une existence limitée par l'attente.

Dans notre corpus poétique arabe, Abû al-'Alâ' al-Ma'arrî demeure le premier poète métaphysicien. Fasciné par le retour à la terre-mère, fasciné par l'absolu : le temps, la mort, l'anéantissement, l'éternité. Il était un poète métaphysicien et non un poète philosophe. La méditation métaphysique est une méditation sur le monde alors que la philosophie comprend plus que la méditation : une méthode et une façon de méditer sur le monde. Or, Abû al-'Alâ' al-Ma'arrî n'a pas de méthode. Il soulève des questions de nature métaphysique. Dans sa poésie, il en parle avec un ton familier, le ton de celui qui connaît la certitude. Raison pour laquelle il s'adresse à l'esprit plus qu'aux sentiments. C'est le sens qui le préoccupe en premier. C'est probablement pour cela qu'il n'a pas laissé d'école à la différence d'Abû Tammâm ou d'Abû Nawwâs. Son monde demeure solitaire, unique, il se distingue aussi bien de ses prédécesseurs que de ses contemporains.

16.

La poésie arabe oscillait entre la force de l'imitation et la puissance de l'innovation. La première voulait que la poésie soit témoignage du passé, répétition des modèles anciens. Tandis que la seconde la voulait témoignage du présent. Dans le premier courant, la poésie sous le règne de l'imitation n'avait d'importance que dans la glorification non de *la vie mais du modèle, non de l'expérience, mais de l'exemple, non du présent et de l'évolution, mais du passé et de l'histoire. La lutte sociale a consolidé les différents éléments disparates qui préfèrent le modèle ancien d'un côté et de l'autre l'insistance sur l'expérience vive. C'était une lutte entre l'ancien et le nouveau, entre l'oubli et le souvenir, entre la vieillesse et la jeunesse. Si l'on saisit à quel point cette lutte entre le désir de s'accrocher au passé d'un côté et celui d'innover de l'autre peut être rude dans une société unie et forte, que peut-on en dire dans une société comme la société arabe de l'époque ? Si l'on comprend à quel point le politique est régnant, prégnant, on saisit comment le conflit intellectuel jusqu'à nos jours porte l'empreinte du politique.*

La force conservatrice dans la société arabe était strictement liée à la force du pouvoir. La vie était la conservation de l'ancien et le développement ne devait pas s'écarter des anciens principes. Comme si le développement n'était en fait qu'un remodelage de l'ancien. La vision était idéaliste et non évolutionniste. Et la religion a joué un rôle considérable à consolider ce point de vue. La perfection du monde demeure dans le passé et l'innovation est celle qui a eu lieu, dans le passé.

Ainsi, les premières années de l'islam ont vu une poésie fort différente de celle qui va du IIIe siècle de l'Hégire à la première partie du Ve siècle. C'est la rencontre entre l'idéal et le réel, l'individu et la société, entre la réflexion et le travail. Dans le premier cas, acceptation du pouvoir, qu'il soit politique ou autre, de l'autre, refus du pouvoir patriarcal, moral et religieux et même politique. D'un côté, acceptation des principes comme exemples idéaux, de l'autre, critique sévère des principes et approfondissement des contradictions. D'un côté, le possible se soumet au réel, de l'autre, le possible et l'impossible se révoltent contre le réel. D'un côté, l'imitation est maîtresse, de l'autre, règne le désir d'aller vers l'anecdotique, l'extraordinaire et le sérieux. D'un côté, l'acceptation des principes de la société, de l'ordre universel et de *l'affiliation, de l'autre, la protestation, la transgression, la dérision et la moquerie par rapport au pouvoir et le refus de l'affiliation. D'un côté, la clarté, la pondération, de l'autre, l'ardeur, le refus et la révolte.*

ADONIS
TRADUCTION : HOURIA ABDELOUAHED

NOTE DES TRADUCTEURS

Système de translittération des caractères arabes

ء	' (sauf à l'initiale)	ز	z	ق	q
ب	b	س	s	ك	k
ت	t	ش	sh	ل	l
ث	t	ص	ṣ	م	m
ج	th	ض	ḍ	ن	n
ح	j	ط	ṭ	ه	h
خ	ḥ	ظ	ẓ	و	w
د	d	ع	'	ي	y
ذ	dh	غ	gh		
ر	r	ف	f		

Article al- et l- (même devant les lettres solaires)

Voyelles brèves		*Voyelles longues*		*Diphtongues*	
'	u	اى	ā	و -	aw
-	a	و	ū	ي -	ay
-	i	ي	ī	ي	iyy
				و	uww

Les poèmes arabes classiques ne comportent pas de ponctuation — ou très rarement. Pour rendre le texte plus intelligible en français, nous avons choisi d'ajouter des signes de ponctuation dans la traduction.

I. PÉRIODES PRÉISLAMIQUE ET OMAYYADE

Imru'u al-Qays

Faites halte et pleurons au souvenir d'une bien-aimée
et d'une demeure
Aux confins d'une dune entre ad-Dakhûl et Ḥaw-
mal.
Seules traces subsistantes est ce qui fut tissé par le
vent du sud et du nord.
Tu vois les crottes des gazelles dans leurs aires et
leurs enclos
Comme des grains de piments disséminés.
Et ce fut comme si au matin de notre séparation
lorsqu'ils partaient,
Solitaire j'étais près de l'arbuste du quartier à écorcer
l'amère coloquinte.
Arrêtant auprès de moi leurs montures, mes compa-
gnons me dirent :
«De chagrin ne te consume pas et résigne-toi avec
dignité. »
Une larme m'aurait été un remède si j'avais pu la
verser,
Mais à quoi sert-il de pleurer vestiges et traces éva-
nouis ?
Telle était ton habitude auparavant avec Umm al-
Ḥuwayrith et sa voisine Umm Rabâb à Ma'sal,
Du musc s'exhalait d'elles lorsqu'elles se levaient

Semblables à la brise du matin chargée du parfum
   suave de la giroflée.
D'amour ardent, mes larmes jaillirent
Ruisselantes sur ma poitrine jusqu'à mouiller mon
   baudrier.
Que les jours te soient bénéfiques
Et cette journée à Dârat al-Juljul en particulier
Où pour des jeunes vierges j'ai égorgé ma chamelle.
Ce fut une merveille de les voir joyeusement se hâter
   à porter ma selle
Elles ne cessaient de lancer des morceaux de chair
   grasse
Semblables aux pans de robes tissés de soie damassée.
Le jour où je pénétrai dans le palanquin de 'Unayza
Elle s'écria : « Malheur à toi, tu m'obliges à mettre
   pied à terre. »
Alors que notre litière sous notre poids penchait, elle
   dit :
« Descends ô Imru'u al-Qays ! tu blesses le dos de ma
   monture. »
J'ai répondu : « Lâche-lui la bride et poursuis ton
   chemin. »
Que de femmes enceintes j'ai visitées la nuit, que de
   nourrices
J'ai détournées de leur nourrisson aux amulettes
Derrière elle si ses pleurs fusaient, elle lui tendait le
   sein
Tandis que sous moi le bas de son corps s'offrait.
Mais un jour sur la dune elle m'opposa un refus
   brutal
Et jura la rupture à jamais.
Ô Fâṭim, de grâce, montre-toi moins coquette
Et sois magnanime si tu as décidé de me quitter,
Ne me prive pas de la douceur suave de ton fruit
Es-tu fière que je sois de ton amour blessé
Et que mon cœur soit à tes ordres enchaîné ?

Et si en moi quelque chose te répugne,
Arrache mon cœur de ta poitrine.
Tes doux yeux n'ont versé des larmes que pour
Atteindre de leurs flèches le tréfonds d'un cœur déjà
    meurtri.
Je me suis diverti avec une belle inaccessible
D'une blancheur immaculée,
Sans nulle hâte d'elle j'ai joui.
Afin de parvenir jusqu'à elle, je m'aventurais au-delà
Des sentinelles qui voulaient m'abattre en secret
Lorsque dans le ciel les Pléiades s'étaient déployées
Tels les joyaux d'un habit d'or et d'argent délicate-
    ment tressés.
Lorsque je vins à elle, elle avait pour dormir ôté
Ses habits excepté une tunique légère.
«Je jure par Dieu que tu n'as point d'excuse, dit-elle,
Et je ne vois guère s'éteindre ton désir. »
De sa tente je l'ai sortie et elle laissait traîner derrière
    nous
Les pans de son burnous richement brodé afin
    d'effacer nos traces.
Lorsque nous dépassâmes les limites du campement
Et qu'un abri sûr s'offrit à nous entre les dunes,
Mû par le désir, je la saisis par les deux nattes.
Lorsqu'elle se retourna vers moi se répandit un doux
    parfum
Comme si la brise du matin exhalait une odeur de
    giroflée.
Si dans mon désir je l'implorais, sur moi elle se pen-
    chait
Inclinant son corps svelte, élancé, d'une blancheur
    cristalline,
Chevilles tendres, ventre plat,
Poitrine claire tel un miroir poli,
Unique dans sa blancheur nacrée.

En elle coule une eau limpide qu'aucun prétendant
    n'aurait troublée,
En se protégeant elle donne à voir l'ovale de sa joue,
Le regard tendre d'une gazelle sauvage de Wajra
    envers ses petits
Et un cou aussi gracieux que le sien,
Paré d'étincelants bijoux.
Sa longue chevelure d'un noir d'ébène lui couvre le
    dos,
Abondante comme les grappes mûres d'un dattier,
Les mèches relevées par des rubans s'égarent
Dans l'épaisse chevelure ondulante et tressée.
Elle s'éveille parmi les parcelles de musc parsemées
    sur son lit
Et se prélasse sans ceindre sa vêture de la nuit,
Elle tend des doigts délicatement fins et lisses
Comme les longs vers de Ẓabi ou les rameaux d'un
    Ishil.
Éblouissante, elle illumine les profondeurs de la nuit
Telle la lampe nocturne d'un ermite anachorète
Parmi les plus mûres des femmes et les jeunes
    vierges.
Même le plus sage des hommes la regarde avec convoi-
    tise.
Si la passion des hommes s'éteint avec la jeunesse,
De toi, mon cœur ne peut se consoler.
Que de censeurs insistants j'ai repoussés
Me détournant dans ton amour de tout conseiller.
Ô nuit pareille aux vagues de la mer !
Elle m'enveloppa de ses flots, ténèbres et tourments,
    afin de m'éprouver.
Je lui dis lorsqu'elle s'étendit sur moi,
Découvrant sa croupe dressant son poitrail :
« Ô longue nuit ! tu ferais mieux de te dissiper
Laisse enfin pointer l'aurore, même si de ton éclat
    elle reste dépourvue. »

Je n'ai guère éprouvé de nuit plus longue
Comme si ses étoiles étaient à un Mont fermement
    fixées
Comme si les Pléiades étaient agrafées
Par des cordes solides à la roche sourde.
Souvent à l'heure où les oiseaux étaient encore au
    nid,
Je chevauchais sur un coursier de bonne race, puis-
    sant et gai,
Qui assaille, s'enfuit et revient à la charge
Tel un solide rocher d'un torrent véhément préci-
    pité.
Brun, sa crinière glisse sur son encolure
Comme une pluie ruisselante sur la pierre lisse.
Fougueux et fin,
Haletant à force d'ardeur tel un chaudron bouillant
Il fait voler le jeune homme léger
Et malmène l'inexpérimenté, traînant ses habits.
Rapide dans sa course effrénée comme celle d'une
    toupie
Tournoyant dans les mains d'un enfant,
Parfois c'est la marche aisée du loup ou le saut du
    renardeau
Et lorsqu'il oblique, on dirait qu'il a entre ses lombes
Un pilon pour les parfums d'une mariée ou pour la
    coloquinte.
Se découvrit alors à nous un troupeau dont les
    génisses
Ressemblent à des vierges tournant sous leurs robes
    à traîne autour d'une idole.
Dans sa fougue, il nous fait rejoindre la tête du trou-
    peau
Avant même que les retardataires ne se soient dis-
    persés.
Il pourchassa un mâle et une femelle
Les traquant sans ruisseler de sueur.

Après cette chasse les cuisiniers se sont mis au tra-
vail,
Grillant des morceaux, en jetant d'autres dans les
chaudrons.
Le soir, notre regard ne cessait de le parcourir de
haut en bas
Tant on était émerveillés par sa beauté.
Avec la selle et les rênes, près de moi il reposait,
Savourant après la fièvre de la chasse la pause et
l'accalmie.
Ô ami ! Tu vois luire un éclair
Comme deux mains qui rayonnent dans la couronne
d'un nuage,
Scintillante est sa lumière comme celle des lampes
d'un moine
Aux mèches huileuses et tressées.
Avec mes compagnons entre Ḥâmir et Ikân,
Je contemplais la nue qui vers le lointain s'en allait
Son aile droite sur Qaṭan déversait sa pluie
Tandis que la gauche arrosait les Monts de Siṭâr et
Yadhbul.
Son eau ruisselait comme le lait des mamelles,
Se déversant sur les épis et les troncs des gommiers.
À Tayma, son déferlement déracina tout palmier
Dévastant, hormis les demeures de Jandal, tout abri
Comme si le Mont Ṭamiyya au lendemain des pluies
diluviennes
Était le cône d'un fuseau formé d'un cumul de
débris
Et comme si le Mont Abân couvert par la pluie
Était un noble seigneur dans un manteau drapé.
Sur le désert de Ghabîṭ la pluie projeta sa lourde
charge
Comme le marchand yéménite décharge ses ballots
Et comme si le soir des fauves entraînés par le torrent

Ressemblaient à des bulbes d'oignons sauvages à la
  boue mêlés.
Le déferlement de la pluie atteint le Mont Busyân
Chassant tout réfugié de son abri.

Abû Du'âd al-Iyyâdî

Je vis un taureau dans une fourmilière
Et un ptérocle soulevant une lourde charge.

Ṭarafa ibn al-ʿAbd

Les vestiges du campement de Khawla sur les schistes
   de Tahmad
Brillent tels les restes d'un tatouage sur le dos d'une
   main.
Arrêtant auprès de moi leurs montures mes amis me
   dirent :
« De chagrin ne péris point mais endurcis-toi. »
Comme si au matin les palanquins de la Malékite
Étaient de grands vaisseaux glissant sur le lit de Dâd,
Semblables aux navires d'Adawl ou d'Ibn Yâmîn,
Sur l'un d'eux le navigateur retrouve le bon chemin
   après avoir obliqué,
Il fend les vagues de la mer de sa proue
Comme de sa main le joueur de *fiyal*[1] le fait d'un tas
   de sable éparpillé.
Dans le quartier demeure une belle aux lèvres bru-
   nies,
Gazelle aux yeux noirs ornée d'un collier doublant
   la perle par le topaze,
Délaissant ses petits, s'égayant avec ses compagnes,

----

1. Jeu qui consiste à enfouir un objet dans un tas de sable
et à le rechercher après avoir partagé le tas en deux. *(Toutes
les notes sont des traducteurs.)*

Cueillant les fruits de l'arak, de branches elles se vêtent.
Son sourire éclate pareil à une brune floraison.
Quant à moi, je passe le tourment qui m'afflige
Sur ma chamelle qui court du soir au matin,
Solide comme les ais d'un grand cercueil.
Avec mon bâton je la stimule sur les ornières du grand chemin.
Robuste comme un étalon bien en chair,
Elle accourt comme une autruche qui vient au mâle aux plumes cendrées.
Rivalisant avec des chameaux rapides et racés,
Ses jambes se rejoignent superbement dans la course.
Sur les deux collines elle passa le printemps à brouter
Avec des chamelles aux mamelles taries dans des pâturages attendris par les nouvelles pluies,
Obéissant docilement à l'appel de son maître, repoussant
Avec sa queue les ardeurs d'un mâle fauve au pelage épais
Comme si les deux ailes d'un aigle blanc
Dans l'os de sa queue étaient plantées.
Tantôt, elle en frappe le derrière du compagnon,
Tantôt, ses mamelles semblables à des outres usées.
Elle a deux cuisses si charnues qu'elles ressemblent
Au porche lisse et haut d'un grand palais.
Les vertèbres de son dos dont les côtes s'incurvent
Ressemblent à des arcs parfaitement alignés,
Son encolure rejoint harmonieusement son poitrail,
Ses côtes sont comme les arcs repliés sous une puissante arête,
Ses jarrets robustes se séparent l'un de l'autre
Tels deux seaux solidement tenus par les bras d'un puisatier.
Majestueuse comme le pont qu'un Byzantin
S'est juré de construire avec des briques,

Barbiche rousse, dos solide,
Foulées puissantes à l'arrière, enjambées larges à
l'avant,
Ses bras se courbent en voûtes entrelacées,
Ses jambes sont fines et solidement nouées,
Sa tête est imposante et ses côtes sont vers le haut
dressées
Comme si les traces des sangles sur son poitrail et ses
flancs
Étaient des saignées échancrées par l'eau coulant sur
la roche dure et lisse,
Se rapprochant, s'éloignant tels les parements d'un
vêtement bien coupé.
Le cou, long lorsqu'elle le dresse, devient
Pareil au gouvernail d'un navire voguant sur le
Tigre.
Le crâne solide comme un mont, dressé,
Il rejoint une pointe dure comme une lime.
La joue semblable à un parchemin syriaque et des
babines
Comme le cuir yéménite à la découpe sans nulle
macule.
Les yeux pareils à deux miroirs tapis dans la caverne
Des deux orbites de pierre pure comme l'eau qui en
jaillit
Rejetant tout fétu nuisant à la pureté des yeux,
Pareils aux yeux noirs d'une gazelle craignant pour
ses petits,
À l'ouïe fine, attentive à la marche de la nuit,
Percevant le murmure ou la voix élevée.
Pointues et fines sont les oreilles, signe de noblesse,
Semblables à celles de l'antilope solitaire de Ḥawmal.
Son cœur est si sensible qu'il palpite d'un rien,
Solide comme un roc écrasant les autres rochers.
Lèvre fendue, avachie, nez percé.

Elle se hâte davantage lorsque le sol sous sa marche
    retentit.

Si je veux elle ralentit l'allure et si je veux elle accé-
    lère

Par crainte d'un fouet aux ficelles solides,

Et si je veux encore elle redresse la tête à la hauteur
    du pommeau

Procédant, nageant[1] à grandes brassées aussi vite que
    l'autruche.

C'est sur une telle monture que je voyage lorsque
    mon compagnon dit :

«Puissé-je te sauver de ces dangers et moi-même m'y
    arracher.»

De frayeur son âme s'agite et s'imagine en proie

Au trépas même si le soir il ne rencontre nul
    danger.

Lorsque les gens questionnent : «Qui est le valeu-
    reux?», j'imagine

Qu'ils me désignent alors j'abandonne toute paresse
    et inertie,

De mon fouet je fais hâter le pas à ma chamelle

Alors que le mirage du soir tressaille sur les pierres
    embrasées.

Telle une jeune fille elle se pavane étalant

Aux yeux de son maître les longues traînes de sa robe
    blanche.

Prudent, je ne m'établis guère dans les ravines

Et assiste quiconque implore mon secours.

Si tu me demandes au cercle de la tribu tu me trouves

Et tu me rencontres si tu me cherches dans les
    tavernes

Et si les gens de la tribu clamaient leur affiliation

---

1. Les Arabes nomment le chameau : «le vaisseau du
désert».

Tu me trouverais au faîte de la plus noble des
  demeures.
Mes commensaux ont l'éclat des étoiles et une chan-
  teuse
Nous offre sa soirée dans une robe moulante couleur
  safran,
La fente de son habit laisse entrevoir sa belle nudité
Accueillant allégrement les caresses des convives.
Si nous sollicitons d'elle une chanson,
Lentement elle fait entendre une douce mélodie.
Les modulations dans la reprise vibrante de la voix
Font penser à la plainte d'une mère-gazelle pleurant
  son petit.
Avec frénésie je bois du vin et me donne aux plai-
  sirs,
Vendant, dilapidant le patrimoine et la fortune
  héritée
Jusqu'au jour où la tribu entière me proscrivit
M'évitant comme on conjure un chameau galeux de
  goudron enduit.
Cependant ne me renient ni les gueux de cette
  terre
Ni les occupants de ce pavillon tendu de cuir somp-
  tueux.
Ô toi qui me blâmes! Si tu ne peux ajourner ma
  mort,
Laisse-moi la convoquer en jouissant de toutes les
  voluptés.
S'il n'y avait que trois choses dans la vie d'un jeune
  homme,
Je te le jure! Point ne m'importerait l'heure où je
  m'éteindrai :
Prévoir les blâmes en buvant une gorgée
De ce vin écumeux lorsqu'il est à l'eau mélangé
Ensuite voler au secours d'un nécessiteux dès qu'il
  m'en prie

Sur un coursier véloce comme un loup des forêts,
    excité à la vue d'un homme
Lorsqu'il cherche à s'abreuver,
Enfin abréger, ô merveille ! un jour gris
Auprès d'une belle sous une tente au mât dressé
D'une somptueuse beauté, là sont suspendus anneaux
    et bracelets
Comme on pare les tiges d'un solide arbrisseau,
Généreux, s'abreuvant de lui-même durant sa vie.
Tu sauras si nous disparaissons demain lequel est
    mort assoiffé.
La tombe d'un avare cupide amassant son argent
Diffère-t-elle de celle d'un oisif qui le dépensait
    abondamment ?
Tu vois deux monticules de pierres couverts
Par de sourdes dalles stratifiées dans la roche, taillées,
Je vois la mort élire les nobles magnanimes
Et puiser dans le bien de l'avare qui s'agrippe à la
    vie,
Je vois la vie comme un trésor qui chaque jour se
    consume.
Ni les jours ne s'épuisent ni le temps ne finit de
    s'écouler.
La mort, par ta vie, je le jure, ne rate pas le jeune
    homme,
Elle est comme la corde ballante par la main à l'autre
    bout tenue.
Pour quelle raison mon cousin Mâlik me rejette-t-il ?
Dès lors que je m'approche de lui, il s'éloigne,
Il me poursuit de ses blâmes et j'en ignore les rai-
    sons.
Avant lui dans la tribu Qurṭ Ibn Maʿbad faisait de
    même,
Me refusant pour mon désespoir toute faveur
Comme si je m'adressais à un trépassé enseveli
Non point à cause d'une parole maladroite

Mais par rancune pour avoir revendiqué les cha-
melles de Maʿbad.
La proximité établie par le sang nous unit.
Si jamais les catastrophes s'abattaient sur son foyer,
je serais à ses côtés,
Aux ennemis je ne laisserais aucun répit
Dès lors qu'ils projettent de l'accabler,
Et s'ils calomnient son honneur je leur donnerai
La coupe de la mort sans auparavant les menacer.
Qu'ai-je donc commis pour mériter une telle calom-
nie,
Ces pamphlets et pour finir ce rejet?
Si mon cousin était autre qu'il n'est
Il aurait dissipé mes soucis ou accordé un délai,
Mais mon seigneur est celui-là même qui étrangle
Toute gratitude en moi et me peine, que je le solli-
cite ou tente de l'éviter.
L'injustice des plus proches est plus meurtrière
Que le coup du glaive le plus tranchant.
Laisse-moi! Ainsi est ma nature, ma gratitude te sera
éternelle,
Dussé-je établir mon logis aussi loin que le mont de
Ḍarghad
Si mon Dieu l'avait voulu j'aurais été Qays ibn
Khâlid,
Ou s'il l'avait désiré j'aurais été ʿAmrû ibn Marthad.
J'aurais alors possédé des biens abondants
Et me serais entouré des fils des plus nobles descen-
dants.
Je suis l'homme fluet, agile, que vous connaissez,
Vif, flamboyant comme la tête d'un serpent,
J'ai fait le serment qui jamais ne me quittera
Qu'un sabre d'acier tranchant sera la doublure de
mon ventre,
Non point de ces sabres qui taillent les arbres

Mais un sabre toujours vainqueur lorsque la ven-
   geance m'anime,
Par confiance fraternelle il ne se dispense d'aucune
   frappe
Si l'on dit : « Arrête ! », son maître crie : « Cela suffit. »
Lorsque la tribu se hâte vers les armes,
Invincible tu me trouves lorsque ma main en touche
   la poignée.
Que de chameaux somnolents d'effroi se sont dressés
Saisis par le sifflement de mon sabre brandi.
Passait près de moi une majestueuse chamelle aux
   mamelles généreuses,
Bien précieux d'un vieillard querelleur aussi sec
   qu'un gourdin.
Il s'écria, voyant sous le tranchant de ma lame
   tomber
Jarrets et jambes : « Ne vois-tu pas quel malheur tu as
   causé ? »
Et d'ajouter : « Quel conseil pourriez-vous prodiguer
Au sujet d'un ivrogne effronté, résolu à nous mal-
   traiter ? »
Mais il rectifia : « Laissez-le jouir de son héritage
Mais qu'il cesse d'attaquer d'autres bêtes. »
Ainsi nous savourâmes la chair du petit de la cha-
   melle, cuit
Par les esclaves dans des braises rutilantes.
Si je meurs, pleure-moi selon mes mérites,
Et de tant de peine, déchire tes vêtements ô Bint
   Ma'bad,
Ne minimise pas mon élan
Ni ne me ravale au rang du dernier venu qui n'a
   guerroyé ni connu les mêmes aspirations,
Ne me compare pas à celui qui affronte les périls à
   reculons,
Prompt à la vilenie, humilié à force d'être malmené.

Si parmi les hommes j'avais été un être vil et
  pitoyable,
M'aurait anéanti l'inimitié d'un ennemi, qu'il soit
  seul ou escorté,
Mais ma vaillance et mon audace ont repoussé les
  ennemis
Ainsi que l'authenticité et la noblesse de mon rang.
Par ta vie, je le jure ! Ni les soucis n'assombrissent
Ma journée, ni ma nuit n'en devient éternelle.
Que de fois lors d'un combat j'ai maîtrisé mon âme,
Préservant le noble adversaire de la honte et de la
  disparition
En des lieux où les plus braves redoutent la mort,
Là où les membres tremblent d'épouvante.
Que de fois vers les flammes rouges j'ai jeté le dé,
Attendant le verdict du feu pour le confier ensuite à
  des mains plus chanceuses.
Les jours te dévoileront ce que tu ignorais
Et t'apportera des nouvelles celui que tu n'as pourvu
  d'aucun viatique
Et t'informera certainement celui auquel tu n'as
  fourni
Nul vêtement et à qui tu n'as fixé aucun rendez-
  vous.

'Antara al-'Absî

Ô cruelle ! De toi je suis épris et tu es
Pour moi semblable à l'âme dans le corps d'un lâche,
Ce n'est point pour mon âme
Mais pour toi que je crains la frappe des lances.

Qiss ibn Sâ'ida al-Iyyâdî

Il déambule au fond du ciel
Ainsi la mort errante au fond de l'âme.

Al-Mutanakhkhal al-Hudalî

L'avilissement — et nul ne peut prétendre le
    contraire —
Est pareil à une cicatrice sur la blancheur de la chair.

Zuhayr ibn Abî Sulmâ

1

Ne cesse de te pourvoir jusqu'au jour de la mort,
Même si l'âme y répugne, elle est le dernier rendez-
vous.

2

Tu le vois jubilant lorsque tu viens le solliciter
Comme si tu lui allouais ce que tu désires lui qué-
mander.

3

Demeure dans ton pays, certains hommes
Sont humiliés loin de leur patrie.

Al-Ḥuṣayn ibn al-Ḥamâm al-Murrî

Je ne m'avilis pas pour acheter la vie
Ni ne souhaite l'ascension par crainte de la mort.
Afin de retenir la vie je me suis attardé mais pour
   mon âme
Je n'ai pas trouvé mieux que de vivre ma vie.

'Urwa ibn al-Ward al-'Absî

1

Ils me demandent : « Où vas-tu ? »
Mais comment le poète-brigand peut-il connaître son
    lieu ?
Les vastes terres lui sont chemins.
Mes proches pèchent par avarice,
Quant à moi, je n'abandonne pas mes frères à la
    mort tant que je vis
Comme le buveur ne peut abandonner l'eau.

2

Tu te montres dédaigneux car tu es bien repu.
Mon visage blême porte les marques de la vérité.
    Que la vérité est épuisante !
Avec mes compères je partage la même assiette
Tandis que tu te repais en solitaire.
Je donne mon corps en le multipliant
Et je savoure l'eau fraîche. Qu'elle est pure, cette
    eau !

3

Laisse-moi œuvrer afin d'atteindre la fortune.
Cruel devient le miséreux parmi les humains
Tant il est dénigré par son semblable et sa femme,
Rejeté, blâmé par ses petits.
Le riche jouit de son éclat,
D'orgueil son cœur pourrait prendre son envol.
Ils pèsent peu, ses multiples péchés :
La richesse a un Seigneur Miséricordieux.

4

Laisse-moi parcourir la vaste terre.
Il se peut que j'amasse des richesses pour les nécessi-
    teux.
Qu'elle est affligeante la catastrophe qui s'abat sur
    nous
Si nul ne vient à notre secours !
Si contre le désastre nous manquons d'abri,
La mort est une belle issue.

Aws ibn Ḥijr

1

La nuit je veille, contemplant un éclair
Surgi d'un nuage subitement clair
Et si proche, à même le sol,
Que celui qui se lève pourrait avec ses mains
    l'atteindre et le pousser.

2

Lorsque nous étions sous l'ombre de leurs lances,
J'ai tendu la main vers le sol afin de le toucher.
Il ne sied pas qu'on blâme un homme pour la fai-
    blesse d'un jour
Alors qu'il fut réputé pour sa hardiesse.

3

Dans mon éloignement, avec l'eau pure
Je vous écrirais si avec elle on pouvait écrire.

Manṣûr ibn Suḥaym al-Asadî

À Satan je me suis présenté en prétendant de sa fille.
Pour mon malheur, de moi elle s'est éprise.
Par mon âne et mon manteau je fus sauvé.
Que l'âne et le manteau soient bénis !
De tous mes biens, mon orgueil est le plus précieux.
Quant à mon ventre, je le serre comme on serre des
    habits.

'Amrû ibn Qin'âs al-Murâdî

J'ai attiré vers moi les branches d'un arbre
Desséché et je les ai cueillies.
L'eau que j'ai bue ne fut puisée à nulle source
Et ne vint d'aucun ciel.
Cette viande que nul n'a goûtée,
J'étais seul à la manger et à la savourer.
J'ai allumé un feu sans étincelles,
Remuant son enfer, je m'y suis réchauffé.
Quand mon heure viendra, elle me trouvera
Rassasié des plaisirs de la vie, guéri.

Al-A'shâ al-Kabîr

1

Fais tes adieux à Hurayra. Proche est l'heure du
   départ.
Supporteras-tu la déchirure de la séparation?
Sa marche vers la demeure de la voisine
Ressemble à une nuée qui s'avance sans hâte ni len-
   teur.
Indolente, elle s'achemine vers ses amies
Dans tout l'éclat de sa jeunesse.
Dans un jardin verdoyant
Arrosé par la pluie
Aucun astre oriental qui sourit au soleil,
Coiffé, vêtu de beaux habits,
N'exhale de parfum plus suave que celui de l'aimée
Et sa beauté au crépuscule n'est pas plus enchante-
   resse.
Hurayra eut ses mots lorsque je lui rendis visite :
«Je te crains, toi, ô homme! et je crains pour toi. »
Ô toi qui vois une pluie, j'ai passé la nuit à la regar-
   der
Comme si l'éclair jetait des étincelles.
Lorsque je les regarde ni le jeu ne me distrait
Ni les plaisirs du vin ni les joies de la vie.

2

Elle disparut, laissant dans la poitrine une fêlure,
Jamais ne se répare la fêlure du verre.

Jirân al-ʿÛd an-Numayrî

Comment éviter d'être foudroyé,
Par les coépouses et ce que j'endure ?
Je suis malmené par deux ogresses sauvages et ma
    gorge
Est striée de griffures et de cicatrices.
Elles me traînent par les cheveux bien que la
    demeure
Soit belle et que le musc parfume leurs habits.
Lors de nos querelles lorsqu'un voile chute
Apparaissent un crâne chauve et un sein vieilli,
Dans ma fuite lorsqu'elles me poursuivent je tombe
Mais je ne quitte pas des yeux le bâton,
L'une d'elles me fait sursauter de frayeur,
Elle me tire vers l'eau lorsqu'elle me voit évanoui.
Prenez la moitié de ma fortune et ne me laissez
Que l'autre moitié ! Soyez maudites ! Que le célibat
    est doux !
Quitterais-je enfants et parents dans l'espoir d'une
    autre vie
Ou capitulerais-je et serais-je immolé ?
J'endure bassesse et maltraitance de Umm Ḥâzim.
Le regard dur et les cheveux ramassés,
Elle marche telle une louve lorsque crient les hiboux.
Jamais et pour nulle occasion elles n'ont pris

Le soin d'enduire leurs cheveux et de les coiffer.
Même peignés, ils deviennent comme des scorpions
Qui attaquent avec de petites queues.
Elles sautent par-dessus des obstacles qui nous sépa-
    rent,
On dirait que sous leurs pas les cailloux se brisent.
Elles ont les griffes du vautour
Et les serres de l'autruche sont plus clémentes.
Lorsque j'échappe à un obstacle, elles me pour-
    suivent
Et leur front de sueur ruisselle.
Si le lendemain nous nous rencontrons,
Volent injures et objets
Et ce que je reçois de Razîna est encore plus affli-
    geant.
Ibn Rawq est venu chez nous afin de s'amuser
De peur il faillit se relâcher.

'Amrû ibn Burâqa al-Hamadânî

Lorsque les ténèbres grandissent et s'obscurcissent
   les étoiles,
Quand les hiboux sur les branches crient de frayeur
Et les dormeurs sont arrachés au sommeil par les
   soucis,
Déterminé je brave les interdits.
Si tu parviens à rassembler l'intelligence du cœur,
L'épée tranchante et la bravoure, alors tu échappes à
   la tyrannie.

Al-Khansâ'

1

Elle dit alors que la civière avait précédé ses pas :
Ô mon âme ! Sur Ṣakhr, ne cesse pas de t'affliger.
Que le tourment frappe les mères de ceux qui allaient
L'inhumer ! Grand fut l'homme qu'ils portaient vers
    la tombe !

2

Nous étions comme les deux branches d'un même
    tronc
S'élevant comme croissent les arbres les plus géné-
    reux.
Vivaces les racines, suaves
les fruits, solide l'enracinement,
Mais l'un d'eux fut frappé par les affres du destin.
Le temps ne préserve ni ne laisse rien.

3

Chaque aurore me rappelle Ṣakhr
Et de lui je me souviens à chaque crépuscule.
Sans la présence auprès de moi de ceux qui pleurent
Leurs frères, je me serais tuée.

Tamîm ibn Muqbil

1

Deux temps marquent l'éternité : en l'un je meurs,
En l'autre, j'œuvre pour vivre.
Les deux sont inscrits dans les tablettes de mon
   destin.
La vie est heureuse et la mort reposante.
Lorsque je ne serai plus, pleure-moi selon mes mé-
   rites
Et blâme la vie. Toute vie est un tourment.

2

Douce serait la vie si l'homme était une pierre
Close sur elle-même au passage des événements.

Abû Dhu'ayb al-Hudalî

1

Son regard scrute l'invisible tandis que les paupières
Sont baissées. L'œil accrédite ce que l'oreille entend.

2

Désert devient le pays que tu délaisses
Même si les pluies sont abondantes et la verdure
  généreuse.
J'en viens à aimer l'ennemi qui t'aime,
Qu'il te soit proche parent ou qu'il le prétende.

Abû Miḥjan ath-Thaqafî

1

Ô mon ami! Donne-moi à boire une rousse[1].
Je suis informé des paroles du Seigneur à son sujet.
Abreuve-moi afin que s'alourdissent davantage mes
    péchés.
La boire dans sa pureté est l'ultime péché.
Elle est infernale, mais elle me transporte au-delà du
    plaisir
Et malgré les blâmes je réalise mes desseins.

2

Si la boisson devenue rare n'en a que plus de prix
Et contre elle se dressent l'Islam et tant d'obstacles,
Dès l'aube je la savoure et pure je la bois,
Je deviens joyeux et ne fais plus qu'un avec elle.

3

Aux lances nous faisons des promesses et nous les
    réalisons,
Si le sang des ennemis ne les colore pas, nous les bri-
    sons.

1. *Aṣ-Ṣahbâ'* (terme féminin qui signifie la rousse) est l'un
des noms qui désignent le vin chez les Arabes.

Suḥaym 'Abd Banî al-Ḥasḥâs

1

Comme si les Pléiades étaient à son cou suspendues
Et une braise que le souffle du vent ne cesse
    d'attiser,
Le jour de la séparation, elle te dévoile un poignet,
Un bras et un visage semblables au *dînâr* des fortunés.
Celui dont le cœur risque de tiédir après l'éloigne-
    ment
Se trouve par 'Umayra davantage enflammé.
Elle m'étreignait et m'enlaçait
Des jambes et des bras.
Le vent du nord soufflait avec intensité
Et nous n'avions que mon pagne et son manteau
    comme habits.
Mon pagne conserva le parfum exhalé par son vête-
    ment
Pendant un an jusqu'à l'usure de mon habit.
Avec son peigne elle fit un signe et dit à ses amies :
L'esclave de Banû Ḥasḥâs fait-il des vers ?
Elle vit une selle abîmée, des guenilles
Et un Noir : nu, propriété des gens.
Les femmes de la tribu coiffent les gens et me
    négligent,

J'en fus vraiment mortifié.
Elle m'aurait aimé si j'avais eu la couleur d'une rose,
Naissant noir, je fus par le Seigneur humilié.

2

Je les ai rencontrées pendant qu'elles broyaient
Le musc et le voile légèrement incliné.
L'une et l'autre pleuraient.
Mes larmes accompagnaient leurs larmes,
J'ai désiré la rencontre et elles l'ont désirée.
Le moment venu, elles furent honteuses de leur désir.

An-Najâshî

Il est une eau pareille au pus
Dans un pays stérile et sans vie.
J'y ai rencontré un loup qui hurle comme s'il était
Proscrit, dépourvu de biens et de famille.
Je lui dis : « Ô loup ! Que penses-tu d'un homme
Qui peut généreusement te consoler ? »
Il répondit : « Tu viens d'évoquer ce que je n'ai jamais
        ouï. »
Joyeusement, il invita maints congénères
Puis je m'en fus comme chacun à mes occupations.

Labîd ibn Rabî'a al-'Âmirî

À mes desseins la nuit ne peut s'opposer
Et je n'hésite pas si le voyage m'appelle.
Si une crise survient je ne me lamente pas, disant :
« Malheur à moi, sur moi s'acharne le destin ! »

Ibn Arṭa'a

Al-Walîd n'a cessé durant la nuit de m'abreuver de
    vin pur
Jusqu'à ce que je fusse parmi les amis terrassé.
Je ne pouvais me relever quand je le voulais
Ni m'abstenir de m'enivrer.

Hudba ibn Khashram

Puisse l'angoisse éprouvée le soir
Se dissiper par un soulagement prochain !
Le peureux trouvera quiétude, le prisonnier sa liberté
Et l'exilé revivra parmi les siens.
Puissent les vents réaliser nos souhaits !
Le vent du nord nous informe lorsqu'il vient jusqu'à
    nous
Et le vent du sud dit à nos proches que nous sommes
    en vie.
Si aujourd'hui le cœur n'y est plus,
Proche est le lendemain pour celui qui attend.

Ḥassân ibn Thâbit al-Anṣârî

Certaines gens sont pétris de haine, on dirait
Que la braise des passions éclaire leurs entrailles.
Envers et contre nous leurs poitrines frémissent
Comme une marmite sur les flammes.

Ka'b ibn Ju'ayl ath-Thaghlabî

Tout un mois aussi bref qu'une seule nuit,
Elle caressa un faon aux paupières baissées sur des
  yeux noirs.
Toujours plus belle jusqu'à ravir aux hommes toute
  raison,
Elle remplissait d'ivresse leur regard.

'Amrû ibn al-Ahtam

À l'heure où pointe l'étoile de l'hiver
Je reçus l'hôte qui fut par les aboiements annoncé,
Alors qu'il souffrait du froid de la nuit.
Éclairs et vents enveloppaient ses habits.
Je l'invitai à entrer mais ne l'ai point blessé
En évoquant l'exiguïté du lieu.
Jamais un pays n'est étroit pour ses habitants
Mais deviennent médiocres les mœurs des gens.

Al-Ḫuṭay'a

1

À la lumière de nos aïeux nous marchons.
Elle nous éclaire comme les étoiles de la nuit guidant
le marcheur.

2

Aujourd'hui mes lèvres refusent de ne point médire
Mais je ne sais qui sera ma cible.
Je me vois un visage par le Créateur enlaidi,
Que ce visage soit maudit ainsi que celui qui le porte.

3

Avec ma pioche et mes ongles j'ai creusé
Mais je n'ai rencontré qu'un rocher bien lisse.
Si je l'interpelle[1], il simule une profonde pensée,
Sa tête penche si bas que je me dis : « Il est mort, du
moins je le souhaite. »

1. Le poète décrit un avare.

4

Affamé, se serrant la ceinture depuis trois nuits
Dans un désert où l'on ne relevait nulle trace,
Solitaire, évitant la fréquentation des humains :
Aperçue de loin sa misère semble un paradis.
Il vit dans la montagne avec une vieille
Et trois ombres pareilles, dirait-on, à du bétail,
Déchaussées, dévêtues, de pain dépourvues,
Ignorant depuis leur naissance le goût du blé.
De l'obscurité surgit une ombre qui l'effraya
Mais lorsqu'il vit venir à lui un homme, il devint sou-
    cieux, préoccupé.
Le voyant perplexe, son fils lui dit :
« Ô père, immole-moi et offre-lui à manger.
N'évoque pas notre misère comme excuse,
Il nous blâmerait pensant que nous sommes aisés. »
Il patienta un instant et réfléchit,
S'il n'immola pas son fils, il faillit le faire,
Disant : « Ô Seigneur, un hôte et point de victuailles !
Je t'en conjure, ne le prive pas de viande cette nuit. »
Soudain se présenta à leurs regards
Un troupeau de bêtes bien alignées.
Elles convoitaient l'eau pour s'abreuver. Il alla vers
    elles,
Lui qui était de leur sang si assoiffé,
Il patienta jusqu'à ce que leur soif fût apaisée.
Il leur envoya une flèche.
Quel bonheur lorsqu'il apporta son gibier à sa
    famille !
Quel bonheur encore lorsqu'on vit sa blessure sai-
    gner !

Suwayd ibn Abî Kâhil al-Yashkurî

Pour nous Râbi'a déplia la corde
Et nous nous saisîmes de ce qu'elle daigna accorder.
Libre, dévoilant des dents éclatantes
Semblables aux rayons du soleil entre les nuées,
Elle les a tant polies avec un mésuac[1] verdoyant
D'arak parfumé qu'elles devinrent brillantes.
La couleur est blanche, le goût suave
Délicieux lorsque ma salive manque.
Elle offre au miroir un visage qui resplendit
Semblable au soleil lorsque règne l'éclaircie.
Bien que mon cœur demeure chez elle je ne la ren-
    contre
Que furtivement lorsque le sommeil me prend dans
    ses plis.
Tel est l'amour et telle est sa fougue,
Il chevauche sur la terre et défie le conseiller.

---

1. Cure-dent fait de l'écorce d'un arbre.

Mâlik ibn ar-Rayb al-Mâzinî

1

Je me suis rappelé celui qui pourrait me pleurer
Et n'ai trouvé que mon javelot et mon épée.
Amis de mon cheval, la mort approche ! Si vous
Descendez dans la vallée, vous me trouverez éveillé.
Alors veillez sur moi un jour et une partie de la nuit.
Ne me pressez pas, ce que j'ai est évident,
Avec les pointes des lances, dessinez mon tombeau,
Et couvrez mes yeux avec les pans de mon manteau.
Ne me jalousez pas, que Dieu vous bénisse
De m'allouer un lieu sur cette vaste terre !
Prenez-moi, tirez sur moi mon manteau.
J'étais auparavant difficile à guider.

2

Il existe sur la terre un refuge loin du pays humi-
  liant,
Est mien tout pays accueillant.

Abû Zubayd aṭ-Ṭâ'î

Qui donc voulait me priver d'eau
Lorsque apparut au marcheur l'étoile de l'aurore ?
L'oiseau malgré lui cohabita avec le lézard
Et le caméléon sur sa branche s'étendit,
Avec ses pattes, la sauterelle poussa des petites pierres
Et la terre fumante attisa davantage ses feux
Avec le vent pareil à un souffle enflammé,
Embrasé par la canicule de midi.
Si par des citadins je suis renié,
Le désert me reconnaît.

Abû Dahbal al-Jumaḥî

Hormis son souvenir, je devins
Semblable à celui qui tient l'eau par la main.

Qays ibn Dharîh

Ils dirent : « Lubnâ sème la séduction,
Répudie-la et ne regrette rien. »
Tous les amoureux me semblent aujourd'hui
Jus de coloquinte éclatée.
Mon œil rejette désormais tout regard
Et mon oreille hait toute parole.

Al-Majnûn

1

Ils dirent : « Si tu le veux, tu peux loin d'elle retrouver
   la joie. »
Je dis : « Ce n'est guère mon souhait. »
Son amour grandit dans mon cœur
En dépit du blâme, il n'accepte de s'achever.

2

Éloignement, passion, nostalgie et tremblement,
Tu ne réussis pas à diminuer la distance, ni moi à
   m'approcher.
Comme un oisillon serré dans la main d'un enfant
Qui ressent l'amertume de la mort tandis que l'en-
   fant joue,
Dépourvu de raison l'enfant ne peut s'apitoyer,
Dépourvu de plumes l'oisillon ne peut s'envoler,
J'ai connu les chemins qui mènent vers mille visages.
Toutefois, sans cœur où donc aller ?

3

Ô pèlerins de la Maison de Dieu, dans quelle litière
Et dans quel gynécée est mon cœur ?

Dans la prairie un exilé solitaire pleure, affligé.
Les heureux en amour sont absents de son horizon.
Si un jour le cortège frôle sa terre
Pour guérir sa maladie, il respire l'odeur du cortège.

4

Ô Umm Mâlik, délaisses-tu un écho
Qui va où le vent le conduit ?

5

Que cette colombe sur sa branche soit par la mort
    emportée !
Elle a ravivé le chagrin lorsqu'elle a chanté.
Ô toi qui ressuscites les morts ! J'implore ton aide
    afin d'affronter
Celle qui nous fait éprouver dépérissement et mala-
    die,
Elle est devenue si avare que si je la priais
De me nettoyer les yeux avec du sable, elle refuserait.

6

De porter de doux habits, le corps de Laylâ embellit.
Je souhaite devenir l'un de ses multiples manteaux !

7

Je restais tourmenté le jour de notre séparation
La voyant partir, perplexe, avec des larmes dans les
    yeux.
Lorsqu'elle se retourna, m'adressant de loin un long
    regard,
Mes yeux ont libéré leurs eaux jusqu'alors contenues.

8

Quand mon cœur connaîtra-t-il l'apaisement ?
Il souffre dans les affres du lointain souvenir
Avec des yeux se noyant dans les larmes jusqu'à
L'aveuglement, mais lorsque cessent les pleurs, claire
    devient ma vue,
Ce qui ruisselle de l'œil n'est pas son eau
Mais une âme qui fond et s'égoutte.

9

Je me plains à un vol d'oiseaux passagers
Mais suis-je digne de pleurer ?
Ô nuée d'oiseaux ! pourriez-vous me prêter des ailes
Afin que vers ma bien-aimée je puisse voler ?

10

Ils dirent : « Le regard du *djinn* l'a frappé. »
S'ils réfléchissaient, ils diraient : « C'est celui d'une
    femme. »

11

Tu es celle qui donna à mon corps la transparence
    du verre,
À travers lui nous percevons ce que les côtes dissimu-
    lent.

12

Mes amis ! Préparez ma couche, et soulevez
Mon oreiller, il se peut que le sommeil triomphe de
    mes tourments.
Mes amis ! Lorsque ma mort sera proche, apportez
Mon linceul et la litière et demandez pour moi le
    pardon.

Yazîd ibn Mufrigh al-Ḥimyarî

Ô toi qui règnes et menaces et extermines,
Tu atteins des sommets d'irascibilité !
L'eau lavera ce que tu as accompli,
Quant à mes paroles, elles demeureront éternelle-
   ment.

Al-Qattâl al-Kilâbî

1

Les gens de ma tribu savent lorsque
La guerre s'intensifie que je me nomme Zaynab,
Je dissimule la poussée de ma barbe
Et montre aux gens des mains teintées au henné.

2

Ô 'Âliyya! si je me plaignais de ce que j'endure
À une herbe fraîche, à l'instant elle deviendrait sèche
    et vieille.

Al-Uqayshir al-Asadî

Après l'avoir bu, un paralytique a marché
Et un aveugle trois fois abreuvé a recouvré la vue.
La cruche en cristal de Damas a un cou étrange.
Un créateur en a choisi la forme et l'a réalisée avec
   art.

Laylâ al-Akhîliyya

À celui qui vient me solliciter je dis : « Ne révèle pas
Ton désir, tu ne pourras l'assouvir tant que tu vis.
Nous avons un ami que nous ne pouvons trahir
Et tu appartiens à une autre, tu es son époux légi-
    time. »

Maysûn bint Baḥdal al-Kalbiyya

Une demeure où le vent s'agite
M'est plus chère qu'un château élevé.
Un modeste manteau dont je me drape
Me sied plus que des habits de lin.
Je préfère le murmure du vent
Au son du tambourin.
La vie fruste à la campagne
Plaît à mon âme plus que le style gandin.
À ma patrie je ne veux guère de substitut,
Qu'elle soit honnête me suffit.

'Abd ar-Raḥmân ibn Ḥassân

1

Mon cœur semble pris entre les serres d'un rapace.
Lorsque l'âme t'invoque, il serre ses griffes davan-
    tage.
Comme si la terre avait l'étroitesse d'une bague,
Elle n'accroît son domaine ni en long ni en large.

2

Ummu 'Amr m'appela son frère mais
Je ne suis point son frère, je n'ai pas tété le même
    sein.
Elle m'attribue ce lien de fraternité
Mais ce que nous avons fait est interdit entre frère et
    sœur.

Jamîl Buthayna

1

Ils disent : « Ô Jamîl, guerroie pour une conquête ! »
Mais elles seules sont l'objet de mes conquêtes,
Chaque parole d'elles est une joie
Et chaque victime est leur martyr.

2

Ils me croient ensorcelé, par son souvenir ravi
Mais je ne suis victime ni d'un sortilège ni d'une
   folie.
Il fut un temps où si l'on m'avait demandé
De choisir entre ma vie et l'éternité,
J'aurais dit : « Laissez-moi avec Buthayna un instant
À l'écart des médisants, ensuite prenez ma vie. »
Si je veux consacrer un poème à une autre,
Il refuse, je le jure, de se plier à mon désir.

3

Sans message de toi le jour m'est éternité
Ou si notre rencontre est empêchée,
Que je sois par la mort dévasté.
Si nous ne sommes à nous voir destinés,

Ne songe pas que je t'aie quittée de plein gré.
Sur ta vie, c'est terrifiant que tu sois délaissée !
Tant que je vis, mon cœur est de toi épris, et si je
   mourais
Mon écho suivrait ton écho entre les tombes.
Toi-même et la promesse que tu me fais
Vous n'êtes que l'éclair d'une nuée avare de pluie.

4

Je crains de rencontrer soudainement la mort
Alors que mon âme est lourde de désirs inassouvis
Cependant lorsque je te rencontre, la rencontre
Me fait oublier de te dire mes épreuves.

5

Tous les amants excepté nous
Jouissent ensemble des plaisirs de la vie
Or nous marchons séparément dans le monde
Comme deux otages prisonniers dans des camps
   ennemis.

6

Buthayna disait, lorsqu'elle aperçut
Une mosaïque de cheveux roux :
« Tu as vieilli, ô Jamîl ! ta jeunesse a disparu. »
J'ai répondu : « Ô Buthayna, il suffit !
As-tu oublié nos jours à Lawâ
Et nos jours passés à Dhawî al-Ajfar ?
Vous étiez nos voisins pendant des nuits,
As-tu oublié ? Essaie de te rappeler
Lorsque tôt je venais dans la fraîcheur de ma jeunesse
Traînant mes robes avec le burnous,
Ma mèche de cheveux semblable à l'aile d'un cor-
   beau,

Peignée avec le musc et l'ambre,
Tout ceci changea comme tu le sais,
Le temps change malgré nous,
Mais toi, tu demeures comme la perle de Perse,
Avec l'eau de ta jeunesse non encore essorée.
Nous étions proches et notre lieu de plaisir fut
    commun.
De ta jeunesse tu jouis, comment ai-je pu être surpris
    par l'âge ? »

A'shâ Hamadân

Je suis devenu l'otage de mes ennemis,
Endurant la prison jour et nuit.
J'étais doux et orgueilleux autrefois,
Refusant humiliation et avilissement.
Dans les combats je fus l'indomptable qui ne recule
   pas
Et devant les spectacles effrayants, le cœur du pol-
   tron.
Si je l'avais voulu, j'aurais amassé ma part de butin
Mais j'en fus éloigné par mon orgueil et ma chas-
   teté.
Si j'atteins mon but, je ne m'en vante pas,
Et si un autre y parvient, je n'éprouve nul regret

'Ubayd Allâh ibn Qays ar-Ruqayyât

Jaloux, son époux guette mes allers et retours,
Me voyant proche de leur maison, il la châtie.
Je n'ai cessé de lui offrir mon âme pour la séduire,
Elle me croit quand je lui parle, tantôt je suis sincère,
    tantôt hâbleur.
Elle m'est apparue en rêve lorsque je pensais être
    d'elle privé.
Dans mon allégresse je me réjouissais de son charme
    quand sur moi elle s'inclinait,
Je lui donnais à boire de ma bouche et je bus sa salive
    jusqu'à en être repu.
Je devins ainsi son amant, heureux nous nous plai-
    sions,
Je la faisais rire, pleurer, je l'habillais et la désha-
    billais.
Nous avons veillé toute une nuit en rêve.
À l'aube par l'appel à la prière nous fûmes
    réveillés :
Ce n'était qu'un spectre de fée en un lieu ignoré,
Il donne l'insomnie et nous entraîne au loin tel un
    mirage.

Al-Akhṭal

1

Si mon échanson me sert à boire et à boire
Trois bouteilles dont le vin frémit,
Je déambule fièrement dans mes robes
Comme si j'étais au-dessus de toi, ô Prince des croyants !
    un roi.

2

Quand nous nous aimons nous sommes
Semblables à l'eau de la nuée au vin mêlée.

3

Entendant les aboiements annonçant des hôtes,
Des gens demandent à leur mère : « Urine sur le
    feu. »
Jamais ils ne vengent leurs morts assassinés
Ni ne luttent en temps de guerre lorsqu'ils sont
    encerclés
Mais ils restent dans leurs maisons,
Courant mi-affligés, mi-poltrons.

4

Chacun de nous passe la nuit avec ses tourments
Comme si le toucher du lit donnait à son corps des
   ulcères.

Miskîn ad-Dârimî

Je reste ferme dans mes convictions et garde ma
    fierté,
Je délaisse la demeure craignant qu'elle ne soit humi-
    liante,
Ce n'est pas le besoin qui me conduit vers une
    maison,
Je ne me dirige vers elle que si je peux m'en passer.

Dhû al-Khiraq aṭ-Ṭahawî

Lorsqu'elle aperçut mes maigres chamelles
Se traînant, le ventre creux, portant haillons et gue-
   nilles
Elle dit : «Accepterais-tu de l'argent ?
La misère est le pire des états.»
Je dis : «Cesse de nous faire ombrage, nous sommes
   des gens patients,
En temps d'infertilité, nous ne sommes vaincus ni
   par la légèreté ni par la déraison,
Si une catastrophe nous arrache les feuilles
Nous embrassons le bois jusqu'à ce que les racines
   repoussent.»

'Abd Allâh ibn al-Ḥashraj al-Ja'dî

Perdure dans ta haine et ton hostilité
Et mène ta vie. Ton aversion ne touche personne.
Tu es dépourvu de tout ce que je peux espérer
Et ton éloignement n'est pas une catastrophe.
Ne vois-tu pas que ma poésie voyage vers d'autres
　　horizons
Quand la tienne prise dans ton étau est enfermée?

'Abd Allâh ibn al-Ḥajjâj ath-Thaʿlabî

J'ai vu la terre malgré son étendue devenir
Pour le proscrit craintif comme un filet de chasseur,
Comme si chaque arpent des vastes contrées
Lançait à ses trousses, où qu'il aille, un chasseur.

Waḍḍâḥ al-Yaman

Elle dit : « N'entre pas chez nous,
Notre père est effroyablement jaloux. »
Je répondis : « Je suis décidé lorsque je demande
Et mon épée est tranchante et solide. »
« Le château nous sépare », dit-elle.
Je dis : « Je suis au-dessus de lui. »
« La mer est entre nous », dit-elle.
Je dis : « Je suis un navigateur avisé. »
« Sept frères m'entourent », dit-elle.
Je dis : « Je suis vainqueur et indomptable. »
« Dieu est au-dessus de nous », dit-elle.
Je dis : « Il est le Clément, le Miséricordieux. »
« Tu réponds à tout, dit-elle,
Viens lorsque le veilleur sommeille,
Tombe sur nous comme la rosée.
La nuit, il n'y a ni accusateur ni censeur. »

Nujba ibn Junâda al-'Udhrî

Mon amour est tel que je souhaite rencontrer
De son pays quelqu'un qui m'annonce sa mort.
Je ne penserais plus : séparation sans retrouvailles,
Sur son désespoir l'âme se replierait puis se console-
    rait.
Mais sa mort m'accablerait et je m'écrierais :
« Ô misère de la mort ! Pourquoi la vie ne l'a-t-elle
    pas épargnée ? »

'Umar ibn Abî Rabî'a

1

De Nu'm tu demeures épris, mais tu ne parviens pas
À t'unir à elle ni à la séduire ni à renoncer,
Ni sa proximité ne t'est utile,
Ni l'éloignement ne te console et tu ne peux
    patienter.
Elle ne connaît que le gynécée
Et les branches fleuries de son jardin.
Elle a un tuteur répondant à ses désirs.
Elle veille tard pour le seul plaisir.
J'ai veillé une nuit, surveillant des amis sur la rive.
Craignant quiconque circulait, je regardais.
J'ai passé la nuit à me demander : « Où est sa
    demeure ?
Et comment le savoir ? »
Le cœur m'en informa grâce à son suave parfum
Et la passion de l'âme qui faillit se révéler
Lorsque les lampes du soir furent éteintes
Et que se turent toutes les voix.
La lune dont j'espérais l'éclipse s'absenta,
Les gens sont partis, les guetteurs se sont endormis.
Lorsque les voix se turent, j'ai rampé comme un ser-
    pent

Par crainte des gens du quartier.
Elle devint confuse lorsque je l'ai saluée,
Elle ne pouvait faire entendre des paroles susurrées.
Comme la nuit fut brève !
Quand elle fut sur le point de s'achever
Et les étoiles de s'éclipser,
Un subit appel au départ m'effraya.
Alors que pointait la lueur blanche de l'aube,
Elle s'est levée blême, tourmentée,
Et les larmes sur ses joues ruisselaient.
À ses sœurs elle dit : « Venez en aide
À un jeune homme venu en visiteur. »
Effrayées, elles arrivèrent et dirent :
« Cesse de gémir, ce malheur n'est pas irrémédiable.
Déguisé, il peut nous accompagner.
Ainsi garderons-nous le secret. »
Deux jeunes filles et une troisième nubile
Me servirent d'écran et de protection.
Elles dirent : « Est-ce ton habitude, impénitent ?
Es-tu dépourvu de pudeur, réfléchis-tu, insouciant ?
Offre à tes regards, si tu reviens, d'autres appas
Afin que l'on imagine que le règne de l'amour est
    là. »

2

Dans mon lit je me tourne et me retourne,
Mes pensées, elles seules, sont mon lieu.

3

Je cours vers une rencontre impossible,
Je ne cesse d'espérer et les rencontres de manquer.

4

À chaque fois que je questionne : «À quand la ren-
    contre?»,
Hind répond en riant : «Après-demain.»

5

Pour elle le salut si elle aime notre salut,
Si elle le rejette, qu'il soit pour une autre.

Aṣ-Ṣima al-Qushayrî

J'accorde mon âme à cette terre aux douces col-
    lines.
Que l'été est beau, que le printemps est exquis!
De notre ancienne demeure je me souviens
Puis je me replie sur mon cœur de crainte qu'il ne se
    brise
Et que nos belles soirées ne reviennent pas.
Mais laisse tes larmes librement couler
Comme si nous n'étions créés que pour l'éloigne-
    ment
Et comme si toute rencontre nous était interdite.

'Adî ibn ar-Ruqâ' al-'Âmilî

1

Entre toutes les femmes ses yeux
Ont la beauté des yeux des gazelles,
Ses yeux sans dormir paraissent sommeillant
Et sa parole ravit les hommes les plus vaillants.

2

Quand le soleil se couche on dirait
Que mes nuits l'une à l'autre sont liées.
Je regarde les étoiles et lorsqu'un astre disparaît
J'en vois un autre comme une lampe cheminer.

Qutâda al-Yashkurî

À cause d'elle j'endure les pires tourments
Et vis loin de l'aisance ainsi que ma jument.
Celle-ci subit l'injustice et la faim
Et moi, il m'est impossible même de respirer.
Prépare-toi à la répudiation et patiente,
Tel est le remède des indomptables.
Tu ignores les plaisirs de la maternité
Et la tendresse pour celui qui vient te solliciter.
La nuit où je t'ai bannie de ma vie
Est encore plus suave que notre nuit de noces.

Kuthayyir ‘Azza

1

Avant la séparation d'avec ‘Azza je ne connaissais
Ni l'amour ni les souffrances du cœur.
Nous avons escaladé les sentiers de la passion
Mais lors de la rencontre, je me suis affirmé et elle a
    trébuché.
Ma passion pour ‘Azza lorsque j'ai rompu avec ce
    qui
Nous unissait et qu'elle-même a renié
Est semblable à celui qui espère l'ombre d'une nuée :
Elle se dissipe lorsqu'il désire s'abriter.
Comme si nous étions sous une nuée stérile,
Nous l'implorons mais il ne pleut que lorsqu'elle est
    déjà passée.

2

Toutes les fois que j'ai visité Su‘âd sur sa terre
J'ai vu son domaine se réduire et le lointain s'appro-
    cher.

3

Si j'avais été enchaîné et si à la chaîne j'avais avoué
Mon amour, elle aurait gémi de compassion.

4

Se souvenant de toi, mon âme est déchirée
Une part me justifie et l'autre me blâme.

5

Jouis d'elle tant qu'elle est consentante
Et n'éprouve aucune affliction si elle s'éloigne.
Si elle est généreuse avec toi,
Elle le sera avec le dernier de ses amis.
Si elle jure que la séparation ne ternira pas son
    amour,
Sache qu'elle est incertaine, la parole d'une femme.

Al-Farazdaq

1

J'ai éprouvé un immense regret
Lorsque par moi Nawâr fut répudiée,
Elle était mon paradis, j'en suis hélas sorti
Semblable à Adam lorsqu'il a chuté.
J'étais comme celui qui s'est crevé les yeux.
La lumière a déserté mes jours désormais.
Mon amour pour Nawâr ne trouve nul substitut
Ni ma passion pour elle hormis la mort.
Non, je ne l'ai pas délaissée parce que j'en étais ras-
    sasié
Mais le destin reprend ce qu'il a daigné octroyer.

2

Elles savourent l'amant qui vient vers elles
Comme la chamelle lorsqu'elle s'abreuve d'eau dou-
    ce,
Elles sont la causerie du cœur pendant le jour,
Et la nuit, dans les lits elles invitent à l'inconnu.

3

Lorsque les héros entrent en lice, tu vois son visage
Qui s'illumine et les têtes des hommes vaillants s'in-
    clinent.

4

L'éloignement te tourmente au point de voir
La mort dans la demeure que tu aimais.
Je souhaite que nous soyons de chaque source chas-
    sés,
Seuls sur une terre déserte, et nos habits
De fine étoffe et soie nous servant de protection et
    de couvertures,
Sans nourriture hormis des restes : du vin ancien,
L'eau cristalline des nuées
Et la chair d'une outarde
Qu'un ami complaisant pour nous aurait chassée.

5

Si au jour de la résurrection un commandant impi-
    toyable
Et un conducteur de troupeau venaient emmener
    al-Farazdaq,
Si la tombe ne me secourt pas,
Je crains l'exiguïté et l'enfer des flammes.

6

Je jure qu'une Bédouine à l'ombre
De son abri qui flotte au rythme du vent,
Semblable à une perle ou à la mère d'un faon,
Lorsqu'elle apparaît telle une éclaircie,
Est plus appréciable qu'une citadine obèse
Qui sue dès que les éventails viennent à manquer.

7

Notre raison est pesante comme une montagne impre-
nable
Mais lorsque nous déraisonnons, nous voici pareils
aux *djinns*.

8

Ô Satan pendant soixante-dix années je t'ai obéi.
Aujourd'hui que mes cheveux ont blanchi et que je
suis fini,
Certain de rencontrer la mort,
Vers mon Seigneur je me suis enfui.
Que de fois j'ai laissé ma chamelle sans bride,
Sur la selle Satan enflammait mon espoir,
S'asseyant tantôt devant tantôt derrière,
Il me prêchait l'immortalité
Et un séjour éternel dans la quiétude et la paix.

9

J'ai invité un loup roux qui n'était point mon ami
Un soir en allumant le feu et il est venu.
Le voyant s'approcher : «Avance davantage, lui ai-je
dit,
Nous sommes compères, partageons notre nourri-
ture.»
Entre nous deux je partageai le repas
À la lumière d'un feu ou d'une fumée, parfois
Apercevant ses crocs je lui dis en riant
Alors que mon épée était hors de ma portée :
«Assouvis ta faim, si tu ne me trahis pas
Nous serons, ô loup, dans l'amitié unis!
À la traîtrise, loup, tu t'es habitué,
Comme deux frères ayant bu le même lait,

Si tu avais quémandé à un autre l'hospitalité
Il t'aurait avec ses flèches transpercé
Mais frères sont les compagnons de route
Même si leurs tribus sont en guerre. »

Jarîr

1

Que demandes-tu à un lieu où tu t'es arrêté ?
Qu'y a-t-il sinon chagrin, souvenirs et nostalgie ?
Tu passes ta nuit dévoré par la passion
Comme si dans ton cœur des clous étaient plantés.

2

Que de nostalgie elle a déclenchée
Chez un amoureux dont la raison est ravie par Hind
    et elle ne le sait !
Au plus profond de son cœur il a enfoui son tour-
    ment
Comme s'il était ensorcelé ou en proie à un sortilège
    pire.

3

Ô mes amis, questionnez le tard venu :
Comment trouva-t-il son chemin dans la nuit enténé-
    brée ?
Vers nous marchait-il nuitamment, l'ayant voulu,
Ou errait-il loin de la quémanderie et de ses sen-
    tiers ?

4

Bilâl[1] par sa mère ne fut point souillé.
La migraine par son odeur et son parfum est guérie
Comme s'il s'était dans un bain de musc baigné,
Son âme est mon âme et mon poison le sien.

1. Bilâl est le fils de Jarîr.

Al-'Arjî

Nous demeurons une année entière
Sans nous rencontrer au pèlerinage.
Mais que seraient Minâ
Et ses pèlerins si elle ne s'y rendait?

Muzâḥim al-'Aqîlî

Chacun de nous, ô Mu'âd, de Laylâ est épris.
D'elle ma bouche et la tienne n'ont gardé qu'amer-
　　tume et poussière.
J'ai partagé avec toi l'amour de celle
Dont la fortune pour chacun fut tourment.
Elle rendit insensé ton cœur puis me ravit l'esprit,
Ma raison en est folle, aliénée.

An-Nâbigha ash-Shaybânî

1

Je demeure avec des chagrins qui me visitent.
Ma tristesse est à la fois apparente et cachée.
M'habitent des armées de passions et de désirs,
Lorsqu'elles s'éloignent de moi, d'autres émergent.

2

J'entendis parler des oiseaux de la nuit[1]
Errant dans la journée, dépourvus d'ailes.

3

Dis à celui qui désire tresser des rimes
Qu'il y a des poèmes qui sont pure folie.

1. Les oiseaux de la nuit sont *al-manâyâ*, pluriel de *maniyya*,
la mort.

Al-Walîd ibn Yazîd

1

Elle s'endormit et ses yeux laissèrent les miens
   éveillés.
Qu'elle est longue la nuit lorsque je la perds,
Elle est courte lorsque je la retrouve.

2

Il me rappelle le jour du jugement dernier
Et je ne sais si les menaces disent vrai.
Dis alors à Dieu de me priver de ma nourriture
Et de me priver de ma boisson.

3

Tu menaces tout tyran orgueilleux
Et je suis cet orgueilleux tyran.
Lorsque tu rencontreras Dieu le jour de la résurrec-
   tion,
Dis-lui : « Mon Seigneur ! Al-Walîd m'a déchiré[1]. »

1. Al-Walîd s'adresse au Coran.

4

Je n'ai cessé de la contempler avec des yeux épris
Jusqu'à ce que je l'aie aperçue embrassant un luth.
J'ai demandé au Seigneur de me mettre à sa place
Et d'être bois dans les flammes de la géhenne.

Yazîd ibn aṭ-Ṭathriyya

1

Je livre mon âme à celui qui, frôlant de ses doigts
Mon cœur, m'apporte la guérison.
Je livre mon âme à celui que je crains et qui me
    craint,
Il ne me donne ni moi ne quémande.

2

Lorsque leurs dettes me poursuivaient
Je rassemblais mes ailes comme un oiseau et m'envo-
    lais.

'Urwa ibn Udhayna

Elle dit lorsque je lui déclarai ma flamme :
« Dans le secret tu étais, demeure dans le secret,
Ne vois-tu pas ceux qui m'entourent ? »
Je dis : « Mes yeux sont voilés par ton amour. »

Abû Jalda al-Yashkurî

Je ne crains pas tes menaces, je le jure.
Libre à toi de t'irriter. Peut-on contre le soleil s'em-
porter ?

Ju'ayya ibn an-Naḍr

Ṭurayfa dit : « Pourquoi nos *dirhams* sont-ils si vite
engloutis ?
Nous ne sommes ni dépensiers ni ignorants.
Si nos *dirhams* restaient assemblés,
Ils prendraient les chemins de la bienfaisance.
À notre bourse le *dirham* criard ne s'habitue
Mais passe hâtivement son chemin
Jusqu'à ce qu'il tombe chez un avare qui le veut
éternel
Mais si fort serré qu'il soit dans sa bourse, toujours il
cherche à fuir.

Al-Ḥakam ibn 'Amrû al-Bahrânî

Dans ma jeunesse j'ai épousé une ogresse.
Le prix fut une gazelle et ma dot, une outre de vin.
Déflorée je la trouve si je le désire
Et vierge si je le lui demande.
Sur cette terre, j'ai pris des insectes pour montures,
Bridé le hérisson et sellé des brebis,
J'ai traversé des mers afin d'offrir à mon épouse
Des piments cueillis et des parfums,
J'ai voyagé dans divers pays à dos d'antilope,
Son sourire était un ravissement et son regard éblouis-
      sait.
Les gens m'imaginaient fils de l'eau
Établissant son nid sur les rivages d'une rivière.

Umm Ḥakîm

Je suis lasse de la tête que je porte.
M'a désertée le désir de la laver et de la soigner.
Y a-t-il un homme qui puisse porter son poids à ma
   place?

Ḍâḥiyya al-Hilâliyya

Je jure par la perte de mon père que je n'ai jamais
Rien goûté d'aussi savoureux que sa salive : ni vin ni
    eau pure.
Si l'on me demandait de choisir entre lui et mon
    père,
Je choisirais de ne point avoir de père, je le jure.
Si après un somme je ne lui offre mon bras
Comme oreiller, que ce bras soit paralysé !

Umm Ḍaygham al-Balawiyya

En cachette des habitants du quartier, nous passâmes
    la nuit
Séparés d'eux mais non mêlés à leurs ennemis.
Deux robes parfumées nous abritaient
Pendant la nuit contre la pluie et la fine rosée.
À la règle de chasteté nous nous sommes soumis
Mais assouvissions notre ardent désir avec des baisers.

'Ubayd ibn Ayyûb al-'Anbarî

1

Qu'elle soit bénie cette ogresse ! Douce est sa compa-
gnie
Pour le peureux qui cherche refuge au désert.
Elle fredonne mélodie après mélodie
Et allume des feux qui tantôt s'apaisent tantôt s'en-
flamment.

2

Ne vois-tu pas qu'à l'arc je fis don de mon amitié
Et jamais une flèche ne manqua sa cible ?
Longtemps, j'ai étreint l'épée comme si elle était
Avec son étui à ma hanche fixée.
Frère du désert fréquentant le *djinn*,
S'éloignant des hommes pour la réalisation de ses
desseins,
Son origine est humaine
Mais avec l'aspect et l'humeur d'un *djinn*.

3

Pourquoi Laylâ fait-elle souffrir par de vains espoirs
Le frère du désert qui prit le loup pour compère ?

Après un temps d'hostilité et de haine il devint le
   compagnon de l'ogre
Et fils des vastes déserts,
Ni un *djinn* authentique
Ni un être humain reconnaissable.

4

Mon angoisse est telle qu'au passage d'une colombe
Je dis : « Un ennemi ou des assaillants. »
Du fidèle je doute et crains mon ami.
Et lorsqu'ils disent : « Celui-ci ou celui-là », je me
   méfie.
Devant un bien évoqué, je dis : « Un piège. »
Et devant le mal, je pense : « C'est un conseil, il faut
   se préparer. »
Je deviens comme un sauvage vivant dans le désert
Qui délaisse toute terre lorsqu'elle est peuplée.

'Ammâr ibn Manjûr al-Qaynî

Alors que les riches font étalage de leur fortune
Montrant des draperies aux couleurs radieuses,
Nous héritons des huttes, aux alentours,
Pour le soir avec la misère et la faim.

Abû an-Nashnâshî an-Nahshalî

À celle et à celui qui interrogent : « Où vas-tu ? »
Je dis : « Qui demande à un poète-brigand où est sa
   route ? »
Ses chemins sont la vaste terre
Si ses proches sont avares.
Pour l'homme la mort vaut mieux que la misère
Ou la vie d'un seigneur entre traîtres et haineux.
Y a-t-il pour lui rien de pire que de partager
Sa couche avec tant de tourments
Ou de voir sa nuit se noircir davantage de tant
   d'échecs ?

A 'râbiyya

Quel crime commit une Bédouine tourmentée
Par les douleurs d'un éloignement inattendu?
La nuit, elle devient nostalgique lorsqu'elle se rap-
    pelle
L'eau de 'Udayb et la fraîcheur de ses pierres,
Elle a un gémissement à la tombée de la nuit et un
    autre
Lorsque l'aube scintille. Sans cela, folle elle devien-
    drait.

II. PÉRIODE ABBASSIDE

Ḥammâd ‘Ajrad

1

Si ton ascétisme augmente à mesure de mon avilis-
  sement
Et s'il t'est loisible de jouir d'une pleine absolution,
Fais selon ton bon vouloir auprès de tes proches et
  des autres.
Souvent je m'endurcissais dans le péché et tu m'as
  purifié,
Souvent avec la rousse tu t'enivrais et tu me servais!

2

Bien que je n'aie commis aucun péché,
Tel un collecteur d'impôts, vers les geôles, je fus
  conduit.
Moindre serait ma souffrance si avec des humains
  j'étais emprisonné.
Mais c'est avec des poules que je fus enfermé
Est-ce à cause d'une rousse dont émane un suave
  parfum
Lorsque mêlée à l'eau elle ruisselle dans une am-
  phore?
Vin pur comme l'œil du coq
Et qui rayonne comme une lampe étincelante.

3

Désespérant de l'aide des hommes
J'en appelle à la terre et aux pierres.

Bashshâr ibn Burd

1

Elle dit : « Si un jour dans mon sommeil tu m'effleu-
rais
Te voyant mes yeux en seraient affectés,
Par désir d'être proche de toi mon cœur devient
léger
Comme si je demeurais suspendue au-dessus du sol,
errante. »

2

Humectées de rosée, les rimes fraîches quittent ses
lèvres,
Semblables à la lumière de la lampe s'arrachant à sa
flamme.

3

Elle m'a rejeté non parce que je l'ai avilie
Mais d'une entente durable elle s'est lassée.
Chose inouïe ! De son amour j'ai paré mon âme
Et elle, de mon délaissement s'est embellie.

4

Gracieusement elle se leva et son image ne cessa de
    me hanter
Lorsque vers la prière elle marcha, mon cœur dans
    sa course s'est égaré.
Si les femmes désirent un jour la clarté
Elles en font une lampe qui dissipe toute obscurité.
Dans cet amour de 'Ubayda je ne puis que chérir
Tout ce qui vient d'elle. Même le vent je ne cesse de
    l'aimer.

5

Trouve l'apaisement auprès d'une femme et jouis.
Le temps s'écoule alors que tu demeures seul
Tu espères en un lendemain, mais demain ressemble
À une femme portant dans ses entrailles le fruit que
    nul ne connaît.

6

À l'instar du mirage, dans la proximité j'octroie
Le rien. Loin, je suis généreux en promesses.

Al-Uḥaymar as-Saʻdî

Du loup de la steppe je devins le compère.
La crainte au début nous séparait.
Nous rapprochant l'un de l'autre, nous sommes deve-
    nus familiers
J'aurais pu le tuer, si j'étais traître.

As-Sayyid al-Ḥimyarî

Toute ma sagesse au fil du temps accumulée
Fut gaspillée entre les ânes et le bétail.
Ils font la sourde oreille à tous mes propos.
Le bétail est-il apte à écouter ?
Les voyant silencieux : « Des êtres humains », dis-je
Mais lorsqu'ils parlent : « Grenouilles coassant », je
    rectifie.

Abû ash-Shamaqmaq

1

J'ai l'espace pour demeure
Le ciel ou la nuée pour toiture.
Si en ma demeure tu désires pénétrer
Et que nulle porte ne s'ouvre
C'est que nul battement de porte
Ne s'étend de la terre aux nuées.

2

Si j'embarquais, détroits deviendraient les vastes
    océans
Et nulle vague n'ondulerait
Dans la paume de ma main, le rubis rouge
Se changerait en vulgaire verrerie.

3

Les mouches volantes ont déserté mon logis
Ainsi que celles dont les ailes sont déchirées.
Le chat, depuis un an, ne croisa pas la moindre nour-
    riture,
Hochant la tête à force d'être affamé
De misère et d'amertume il est secoué.

Le voyant morose, tête basse,
Les entrailles en feu, je lui dis :
« Fais preuve de sagesse et trouve un autre logis
Où le commerce est fructueux et la vie aisée. »

4

La rupture du jeûne est proche
Mais mes petits n'ont ni dattes ni riz.
S'ils voyaient du pain sur la cime d'un mont
Afin de s'en saisir, ils grimperaient.
S'ils avaient pu ils l'auraient fait.

5

Pourrais-je un jour utiliser
Une autre monture que mes pauvres pieds ?
Pour un départ, les gens font venir leurs coursiers
Mais moi, infortuné, je n'ai que mes souliers.

6

Ma maigreur est telle que mon ombre par le soleil
    fut effacée
Et ma ruine si terrible que licite devient ma dévora-
    tion par mes petits.
S'il est loisible de voir l'impossible, je suis moi-même
    cet impossible.

Abû Ḥayya an-Numayrî

Le jour de la séparation, de ses yeux jaillirent des
    larmes
Plus ruisselantes que les branches lors d'une tem-
    pête.
Lorsqu'elle chante, elle fait suivre son gémissement
    d'un soupir,
Tel un blessé qui geint d'une blessure douloureuse.
Si les paroles pouvaient irriter la peau
La mienne de tant de médisances se couvrirait
    d'ulcères.

Abû Nawwâs

1

Dans le trouble de la nuit elle prit son amphore.
De son visage émanait une lumière scintillante inon-
   dant la demeure.
De la bouche de la cruche s'écoula une boisson pure,
Rien qu'à la caresser des yeux, on somnole.
Elle est plus fine et plus subtile que l'eau
Qui recule à sa vue,
Toutefois avec la lumière elle aurait fusionné
Jusqu'à engendrer lueurs et clartés.
Elle tourna autour des jeunes éphèbes,
Devant eux le temps s'est incliné.

2

D'abord nous la soumettons, ensuite elle triomphe
   de nous,
Nous sommes ainsi ses conquérants et ses vaincus.
De son feu la main s'enflamme
Et l'œil ne peut la sonder.
Comme ascendant elle a l'éternité,
En son giron elle fut élevée et tendrement protégée.
Nos yeux sont par cette langue unis,
Mots et sens sont en désharmonie,

Langue devant laquelle s'agenouillent les autres
    langues,
Un amant la rendit énigmatique et ineffable.

3

Du vin de son regard elle t'abreuve et avec ses mains
Elle te verse du vin, tu es par deux fois enivré.
J'ai deux plaisirs à la fois, mes compagnons n'en ont
    qu'un,
Nul autre que moi ne jouit de pareille singularité.

4

Mon cœur s'éprit d'une belle voilée,
Son visage a pour voile la beauté,
Il s'enrichit de ses charmes et embellit.

5

Ô lune que des funérailles ont dévoilée,
Gémissant de chagrin avec des amies,
Ne pleure pas un mort dans un fossé
Mais celui qui devant toi gît assassiné !

6

Comme si tu étais une chose embrassant toutes les
    significations
Mon illusion te dépeint lorsque ma langue est
    épuisée.

7

Le parfum te frôle à peine et ton corps n'est plus que
    parfum,
Que de guerres tu as attisées entre mes yeux et mon
    cœur !

8

Si dans l'éloignement je suis de regrets tourmenté,
En sa présence, j'oublie tout devant tant d'éclat.
Devant son visage, l'œil n'est plus que surprise,
Le soleil à son image fut créé,
De sa splendeur jaillit toute beauté,
De sa saveur le parfum se nourrit.
Quelle nuit passée à al-Karkh
Écourtée par la vision de sa beauté !
Dans la coupe le vin est mêlé
Semblable à l'or qui coule sur l'argent.
Toutes les fois qu'elle mordait une pomme,
J'embrassais la trace de la morsure.
Lorsqu'elle ôta le voile de la pudeur
Alors que ses yeux étaient toujours ensommeillés
Son corps par la chaleur du vin fut envahi,
Ses joues en devinrent pourpres,
Elle cessa de se défendre
Alors qu'elle ne tolérait pas d'être touchée.

9

Que j'accède ô mon espoir à un péché
Qui surpassera tous les autres péchés !

10

Il se mêla tant à l'âme qu'il devint l'âme de l'âme.

11

Fils de la rousse, jusqu'à mon dernier souffle
Je ne désire être d'elle sevré.
Je l'honore en en privant l'homme vil
Comme si elle était de mes os pressée.

12

Lorsque pour le combat le commandant rassemble
les cavaliers,
Que les feux de la guerre commencent à s'enflam-
mer,
Lorsque la terreur naissante dévoile ses crocs,
Nos mains deviennent des arcs et les flèches iris,
Au lieu des lances nous offrons la myrrhe,
De tendre et bonne compagnie devient notre guerre,
La mort dans le plaisir devient offrande pour des
amis,
Lorsque retentit le tambour de la guerre nous jouons
du luth,
Les pierres des catapultes nous sont les pommes du
Liban,
Notre guerre ne violente guère les êtres,
Par elle, nous tuons puis ressuscitons nos morts.

13

Ô prétendant de la fauve[1] qui évaluant la dot
Lui attribue une mesure d'or,
Tu as fait preuve d'avarice, si elle t'entendait
La vigne jurerait ne plus porter raisins.
Lorsque mon regard la croisa, j'offris
Perles et rubis qui ne furent touchés par aucune main
Mais dans l'amphore elle se méfia et se languit.
Elle dit : « Ô mère ! Je crains le feu et la flamme. »
Je répondis : « N'en sois guère effrayée. »
« Et le soleil ? », questionna-t-elle. Je dis : « La chaleur
s'est dissipée. »
« Quel est mon prétendant ? », dit-elle. Je dis : « Moi. »

1. Une des dénominations du vin en arabe.

« Et mon époux ? », demanda-t-elle. Je dis : « L'eau
  cristalline. »
« Comment me fertiliser ? », dit-elle. Je dis : « Avec la
  glace froide. »
« Et ma demeure ? Je n'apprécie pas la rudesse du
  bois », dit-elle
Je dis : « Les amphores et les coupes créées par Pha-
  raon. »
Elle dit : « D'allégresse je suis enflammée. »

14

Vieille sans âge, aucune main ne l'a pressée
Ni les orages dans leur violence ne l'ont profanée.
Devant le jaillissement de l'eau elle s'élance
Tel un soufflet attisant un feu d'étincelles.

15

Récusant mes perceptions j'exprime
Ce que produit ma seule pensée,
Je me surprends à composer une chose
Une par la parole, multiple par le sens.
Habitant l'imaginaire, si je désire
L'atteindre, j'atteins un lieu obscur
Comme si je poursuivais la beauté d'une chose
Qui est devant moi, et pourtant elle n'est pas visible.

16

Orgueilleuse, mon âme n'aspire qu'à ce qui est illi-
  cite.

Al-'Abbâs ibn al-Aḥnaf

1

Ô ma princesse ! Ne souffre pas de mon péché,
L'ardeur de mon amour est mon péché,
De toi je me suis tellement entretenu
Que devant mon cœur je reste confondu.

2

Où qu'il soit le pauvre est banni !
À son passage, closes sont les portes,
Coupable d'aucune faute il est proscrit
Et se heurte à une haine sans cause,
Même les chiens exultent de joie
Et remuent leur queue devant un riche
Mais voyant passer un miséreux
Ils aboient menaçants et montrent les crocs.

3

Si ma demeure loin de moi s'éloignait
Au vent je continuerais à confier mes plaintes.

4

Depuis que d'elle je me suis épris
Mon cœur erre entre ciel et terre,
Mon attente s'éternise au seuil de sa porte
Et il me semble devenir à cette porte un clou.

5

L'amoureux dessine le visage de l'aimée
En tout lieu et lui confie ce qu'il éprouve.
L'amour a une cloche qui réveille l'amoureux,
À chaque assoupissement, elle se met à sonner.

6

Que tout me soit pardonné excepté l'amour de toi,
Il sera mon bien le plus précieux face au Seigneur.
À tes yeux l'amour est un péché
Mais existe-t-il rien de plus grand que l'amour ?

Muslim ibn al-Walîd al-Anṣârî

1

Par la douceur, il atteint l'inatteignable.
Comme la mort. Pressée, elle arrive lentement.

2

Accueillant ma visiteuse, j'ai effrayé le sommeil
Et pris pour ennemie l'étoile de l'aurore,
Quand elle marche elle craint d'être dénoncée par
    ses bijoux.
Aussi dans sa marche trompe-t-elle bijoux et parfum.

3

Si vous m'invitez à partager votre vin,
Prière ! Ne le tuez pas, illicite est la consommation
    du mort.
Nous avons mêlé le sang d'une vigne à notre sang
Le sang parmi les couleurs a révélé le sang.

4

Nous ne nous fions à la nuit qu'à l'heure de la sépa-
    ration
Comme si la nuit marchait sur nos pas.

5

Ce n'est pas la mort qui l'a anéanti
Mais son ardent désir de la mort.

6

L'herbe, du ruissellement des larmes, germa sur mes
    joues
Tandis que dans mon cœur fleurit le rameau de
    l'amour.

7

Depuis que je t'ai perdue, assidûment je m'isole
Afin de sculpter pour ton visage une statue sur la
    terre,
Avec mes larmes je l'arrose, me plains et l'implore
De l'immense chagrin et des peines que j'endure.

8

J'envie les pierres dures lorsque, déambulant, je les
    croise.
Que ton cœur ressemble à ces pierres !

9

Ô regard ! Furtivement obtenu
Ce regard était à la fois une fin et un commence-
    ment.
Si elle était absente aux yeux des humains
Pour elle, j'estomperais le monde.

Abû Ḥafṣ ash-Shatranjî

Pareille au musc qui te ressemble tu demeures.
Drapée dans sa couleur tu te meus.
Sans doute partageant la même couleur
Vous êtes issus de la même terre.

Abû al-ʿAtâhiyya

1

Pourquoi les cimetières demeurent-ils muets
Lorsque les humains dans leur affliction les interpel-
    lent?
De toute mon âme je me refusais à l'adieu
Mais je l'ai quitté, lui sans vie, mon bien-aimé,
Et malgré son image en moi, encore vivante et fraîche,
    je m'en suis consolé.

2

Il suffit, tristesse! L'usure accablante
Enlaidit toute chose par moi embellie.
Fièrement, j'ai escaladé les sentiers du désir.
En eux j'engageais mon âme et l'incitais au calme.
Que de fois j'ai répondu à l'appel de la vie,
Que de fois il me souilla et que de fois j'en fus
    souillé!
Mon heure dernière est probablement proche
Comme si déjà j'avais été momifié et dans un linceul
    enveloppé.

3

Comment guérir des cœurs saignant tels des ulcères ?
Le trépas de certains ouvre pour d'autres les chemins
    de la vie.

4

Je fus en quête d'un lieu afin de m'établir
Mais n'ai trouvé aucune demeure sur cette terre.
De mes convoitises je suis l'esclave,
Libre j'aurais été si de peu je m'étais satisfait.

5

Si l'on saisissait comment le jour entraîne
La nuit et la nuit le jour
On les verrait passer hâtivement
Emportant les vies et leurs traces.

6

Certaine est la mort, mais je demeure joyeux
Comme si le déni était mon savoir sur la mort.

7

J'ai demandé au tombeau : « Que sont-ils
Devenus en toi tous ces visages ? »
Il répondit : « Délétère je rendis leur odeur alors qu'ils
    étaient parfumés,
Ces corps qui fleurissaient dans l'abondance, je les ai
    consommés
Ne laissant que des crânes dénudés
À l'aspect blême et des os bien rongés. »

8

Un jour viendra où tu ne seras honoré
Que par la poussière sur toi jetée.

9

Je m'étonne que l'être se réjouisse de la vie
Sachant que la mort est certaine.

10

Nous voyons, mais nous ne voyons pas lorsque nous
    regardons,
Comme si nos désirs étaient pour nos yeux des pri-
sons.

11

Les gens sont happés par leurs divertissements
Tandis que le moulin de la mort ne cesse de tourner.

12

Il dit au vent à chaque fois qu'il souffle :
« Ô vent ! Veux-tu avec moi rivaliser ? »

Abû Fir'awn as-Sâsî

1

Ce n'est guère la crainte d'être volé
Qui me fait clore ma porte,
Elle reste fermée afin de dissimuler
Aux passants ma grande misère.
De ma demeure l'infortune fit une patrie,
Le voleur s'y aventurant serait certainement volé.

2

Lorsque pointe la lueur de l'aube
Et qu'arrive le jour, j'entame ma marche
Avec des enfants agrippés à ma poitrine
Et d'autres à mon giron pendus,
Les précédant au pied du mur,
Me surnommant dans mes vers
« Père de la dèche, mère de la misère ».

'Alî ibn Jabala

Blancheur d'aube diaphane est son visage
Et noirceur de nuit sa chevelure.
De l'union des contraires sourd l'éclat de sa beauté
Embellie par la finesse de sa taille
Risquant de se briser lorsqu'elle désire se lever.
Son sexe qui s'ouvre sous la caresse qui le frôle
A d'obscurs sentiers intérieurs et qui s'enflamment,
Le pénétrant, tu t'enfonces dans la douceur
Et lorsque tu te retires, il se referme déjà.

Ils dirent alors que le temps n'avait pas encore
Outragé Bagdad ni ne l'avait disgraciée :
«Elle ressemble à une belle mariée qu'on présente
À son prétendant richement parée,
Telle une chamelle, son lait ruisselait
Et les gens loin de la misère fastueusement vivaient»
Jusqu'au jour où elle but la coupe de la discorde
Pleine et sans remède.
Après la belle harmonie les gens répartis en clans
Se sont dispersés et les liens furent coupés.
Si tu avais vu les gouverneurs dans leur besogne,
Sourds à l'appel des sages et des conseillers,
Sans raison ils précipitèrent des âmes
Dans l'égarement le plus profond.
As-tu déjà vu des jardins fleuris
Ensorcelant les regards par tant de beauté ?
As-tu aperçu des palais élevés
De loges pour des belles semblables aux poupées ?
Et as-tu contemplé des villages
Environnés de terres verdoyantes,
Entourés de vignes, myrtes et palmiers ?
Où sont les jeunes filles dans le jardin royal
Qui se pavanaient avec de jeunes gazelles ?
Où sont les joyeux galants, où sont les damoiseaux ?

Dans la soie elle déambulait et dans la fine broderie.
Où sont aujourd'hui chanteurs et danseurs
Pour répondre lorsque sa voix se tait?
Ravie était l'oreille des auditeurs
Lorsque le luthiste jouait.
Désormais elle ressemble au ventre d'un âne crevé.
Les flammes de la géhenne ne cessent de l'enflam-
     mer.
Ô misère de Bagdad, qui fut demeure de royauté!
Ses gens furent par un funeste destin frappés.
Le Seigneur l'a épargnée, puis l'a punie,
Maintes calamités sur elle se sont abattues.
Bagdad est désormais encerclée
Par des soldats qui se sont installés,
Celui-ci la brûle, celui-là la détruit
Et le pilleur ne cesse de piller,
Les assaillants courent avec leurs tributs
Tandis que des dames libres errent montrant leurs
     bracelets à leurs chevilles,
Toutes les femmes qui vivaient aisément
Dans leurs loges protégées.
La jeune blanche maintenant apparaît
Aux gens avec des cheveux défaits.
Affligée, elle demande son chemin
Alors que le feu dévorant la poursuit.
Le soleil promettait un halo rayonnant
Mais la guerre aujourd'hui sur elle met la main.
Que de garçons j'ai vus dans l'enclos de la bataille
Nez au sol, dans la poussière, piétinés.
Le fier qui se taisait
Devient une proie et la guerre s'enflamme,
Il est livré aux chiens qui commencent à le déchi-
     queter,
De son sang, leurs griffes sont couvertes.
N'as-tu pas aperçu des chevaux
Tournoyant autour des gens affligés?

Piétinant les cœurs des jeunes de Najd,
Fendant leurs crânes avec leurs sabots.
N'as-tu pas vu les femmes avec leurs
Tresses défaites s'écrouler sous les mangonneaux ?
Devenant butin elles s'enquièrent de leurs familles
Tandis que leurs voiles sont arrachés.
Notre terre retrouvera-t-elle sa fortune de jadis
Alors que dans les profondeurs du chaos elle fut pré-
    cipitée ?

Muḥammad ibn Ḥâzim al-Bâhilî

1

En voyageuse nocturne[1] elle circule sur la terre
Sans aspirer à un lieu ni traverser le désert.
Elle poursuit son chemin là où nulle monture ne
     passe,
Elle ne s'arrête pas pour s'abreuver.
Derrière demeure la nuit lorsque ses feuilles
Tombent une à une entre dormeur et éveillé.
Avec ferveur j'ai tant prié qu'il me semblait voir
Les belles œuvres du Seigneur.

2

Si j'aspire à la sagesse
Considérable est mon désir d'ignorance,
Ma raison est par la raison scellée
Et mon ignorance est par l'ignorance bridée.
Quiconque cherche à me raisonner y parvient
Et celui qui tente de me fourvoyer trouve en moi un
     dépravé.

---

1. Le poète parle ici de la prière.

Di'bal ibn 'Alî al-Khuzâ'î

Mes yeux s'ouvrent sur maintes gens
Mais je ne vois personne.

Kultûm ibn ‘Amrû al-‘Attâbî

Moi, gisant dans les affres de la mort si pitoyable
Que l'étendue de la terre en devint exiguë,
Ta grâce fut si généreuse
Qu'elle arracha ma vie aux griffes du destin.

Nâhiḍ ibn Thûma al-Kilâbî

Que soit bénie l'œuvre de Satan
Si mon amour procède de cette œuvre
Un regard de l'aimée m'est plus doux
Que le monde et ce qu'il contient.

Abû ash-Shibl al-Burjumî

1

L'urine du malade l'a pleuré[1]
Avec des larmes abondantes
Et les fioles ont gémi de douleur
Après avoir mis en pièces leurs habits.

2

Ô mon œil! Pleure la perte d'une lampe
Qui octroyait lumière et clarté.
Comment ferais-je si dans les ténèbres
De la nuit venait l'échanson?
Dans l'obscurité régnante les gens se dédoublent.
On n'entend plus que la manivelle du puits.
Les gens pêle-mêle s'embrassent.
Caresses et étreintes sans fin sont dispensées.
La maison regrette la perte de ta lumière
Ainsi que la cuisine et le four.
Si le temps t'a détruite
Vivante tu demeures dans le souvenir.

1. Il s'agit de l'élégie d'un médecin idiot.

Maḥmûd al-Warrâq

À mon tyran j'ai offert ma tyrannie,
Plein de sagesse, je l'ai même remercié,
Son ignorance dévoila ma grandeur.
Bien qu'il ne cessât de me maltraiter
Je lui accordai ma clémence
Jusqu'à plaindre sa tyrannie.

Muḥammad ibn Wuhayb al-Ḥimyarî

Je suis le vassal d'une souveraine
Dont je reste fortement épris
Mais les événements me défient et me font la guerre
Comme si le temps l'avait choisie pour compagne
    bien-aimée.

Abû Tammâm aṭ-Ṭâ'î

1

Un campement pour la nuit voit flotter dans son ciel
Des étendards de nuées denses et pluvieuses.
Ses vastes jardins sont déployés en lieux familiers
Pour des bouquets de rosée et de pluie,
Le musc de la bruine l'arrose avec le camphre de la
    rosée
Et le fil du ciel se dénoue en lui,
Le matin je le salue avec du vin
Vieilli entre compagnons et amis.

2

En elle[1] tu as délaissé, ô Prince des croyants,
Roc et bois avilis par la puissance du feu ravageur !
En elle exaltées par l'ardeur des flammes
Les ténèbres de la nuit devinrent lumière du jour
Comme si la robe des ténèbres boudait sa couleur
Ou comme si le soleil ne s'était guère couché,
Lumière des flammes alors que l'obscurité régnait
Et matinée livide de tant d'épaisses fumées.

1. À la ville d'Ammûriyya.

Le soleil monte là même où il avait l'habitude de dis-
  paraître
Et il s'évanouit alors qu'il ne s'est point couché.
Ni la vallée de Mayya où se distrayait Ghaylân n'est
Plus resplendissante que ce lieu dévasté
Ni les joues des jeunes filles de pudeur empourprées
Ne sont plus délicieuses à mes yeux que cette face
  poussiéreuse,
Disgrâce dont l'œil ne cesse de s'enrichir
Aux dépens de tout spectacle de beauté.

3

Mes cheveux sont désormais de blanc parsemés
Mais cette blancheur émane de la vieillesse du cœur,
Il en est ainsi des cœurs à chaque misère
Et la chance imprime sa marque sur le corps.
Des sentiers de l'espoir tu chassas l'obscure infor-
  tune
Lorsque guide et chamelier sur le chemin s'égaraient.
Les lueurs de l'espoir sont plus éclairantes
Dans le cœur et dans l'œil que la lumière du pays.
Certes, les collines sont proches des nuées
Mais la fortune choisit les vallées.

4

Confinée toujours dans un même lieu
Toute personne perd de son éclat. Pour te renou-
  veler, exile-toi.
Le soleil est aimé par les gens
Parce qu'il ne peut régner éternellement.

5

Il domina si intensément le vaste horizon
Que la terre devint à ses yeux une maison.

Renonce à l'image de toute possession, la fierté me
     saisit
Au simple souvenir et la répulsion m'envahit.
Je n'ai que ma monture pour demeure
Et une poésie qui ne se prête ni ne se vend.

6

Pluie dont surgit l'éclaircie :
Une fraîcheur telle qu'elle aurait pu se dissoudre en
     pluie.
Deux pluies : la première montre son visage
Et l'éclaircie est une pluie cachée.
Il est une rosée qui humecte le duvet de la terre,
Tu imagines la nuée avançant vers elle, masquée.

7

Le charme de la rime enchanteresse, séductrice et
     rusée,
Ressemble à la magie de la blancheur parmi les cou-
     leurs.
Vulve est la poésie qui ne se prête, singulière,
Qu'à celui qui, toute la nuit, ne cesse de la pénétrer.

8

Elle s'avance, blancheur de pur cristal, et l'obscurité
Se vêt de feux, et l'obscure lumière devient toute
     clarté.

9

Elle a plus d'ascendant sur ma volonté que mon cœur
Et j'ai sur elle plus d'emprise que son amphore.
Depuis que sa coupe m'a délaissé, allégorie
Est ma vérité, et doute l'ombre de ma certitude.

10

Son désir de mort est tel que l'ignorant
Croyait qu'il avait la nostalgie de la patrie.
S'il n'était mort entre les pointes des lances
C'est le chagrin qui l'aurait terrassé.

11

Nuit passée à deux :
Si tu essorais la pierre, il en jaillirait de l'eau.

12

Lune dont les joyaux jetaient
Dans mon cœur le paroxysme de l'affliction,
Chaque parcelle de ses splendeurs
Embrasse des étendues de séduction.

13

Sur toute chose son image se pavane,
Atteignant la perfection, plus haut que l'orgueil, elle
    s'est élevée.

Muḥammad ibn ʿAbd al-Malik az-Zayyât

Pour son amour, j'ai désobéi à tous les hommes
Comme si j'étais à moi seul tout un peuple.

Dîk al-Jinn al-Ḥimṣî

1

Un ignorant dit : « Tu as raisonné. »
En fait, je n'ai raisonné que lorsque je devins insensé.
Il me blâme par ignorance, qu'ai-je fait ?
Suis-je le seul à avoir tué après avoir aimé ?
Je persisterai à pleurer le reste de ma vie
Sur ce que tu as fait et non sur ce que j'ai accompli.

2

Cette lune que j'ai arrachée à son obscurité,
Pour mon malheur, je l'ai sortie du gynécée,
Morte elle ressemblait à une belle endormie
Alors que mes larmes ruisselaient de l'avoir égorgée.
Si le mort pouvait savoir ce qu'un vivant peut endurer
Après son absence, dans son tombeau il le pleure-
        rait.

3

Abandonnerais-je volontiers le plaisir du vin
Pour les promesses d'un supposé paradis ?
Vie puis mort, ensuite résurrection. Quelle fable !

4

Avec son sang j'ai arrosé le sol,
Ses lèvres avaient arrosé les miennes d'amour,
Sur son cou frêle j'ai passé mon sabre
Tandis que mes larmes coulaient sur mes joues.
Je jure par ses souliers que le sol n'a rien connu
De plus précieux que la légèreté de ses pas,
Mon amour pour elle me faisait craindre
Jusqu'au frôlement de la poussière sur son corps.
Je l'ai tuée afin que les regards ne se réjouissent de
  ses charmes,
Certes, je fus avare d'offrir à la vue des envieux
  pareille beauté.

ʿÎsâ ibn Zaynab

Ses chemins demeurent condamnés,
Perplexe, il reste affligé là où son amour le ravit.
Si le mort pouvait devancer son destin
Bien avant ma mort j'aurais habité mon tombeau.

‘Abd aṣ-Ṣamad ibn al-Mu‘azzil

Comme si j'avais étreint un myrte
Respirant dans la fraîcheur de la nuit,
Si tu nous avais aperçus dans l'étreinte de la nuit
Pour un seul corps tu nous aurais pris.

Ibrâhîm ibn al-'Abbâs aş-Şûlî

1

Tu étais la prunelle de mes yeux,
Mes yeux te pleurent aujourd'hui.
Après toi la mort peut bien frapper,
La crainte de la perte était pour toi réservée.

2

L'un de l'autre un adieu sans cesse nous éloigne,
Mais en lui quelquefois la rencontre se déploie.

3

Il s'éloigna du pays de sa douleur
Pour une terre où il avait une demeure.
Établi dans cette contrée, il entend l'appel de l'autre
    patrie,
Des deux, son cœur demeure prisonnier.
Il ne fut élu par aucune des deux patries.

4

Lorsque je l'ai aperçue mon œil fut surpris
Comme au surgissement d'un monde inconnu.

'Alî ibn al-Jahm

1

Ô toi qui me blâmes! Si vers moi l'aile de la nuit te
    conduisait,
Tandis que ton visage reste voilé
Tu souhaiterais que la nuit s'éternise
Et que la veille puisse du sommeil te détourner.

2

Le vent d'Orient l'achemine[1] vers nous
Telle une jeune fille marchant auprès d'une dame
    âgée
Qui ne la réprimande pas lorsqu'elle s'approche.
Ni ne la désapprouve lorsqu'elle se hâte.
Si elle s'éloigne un bref instant
Son amour croît comme celui d'une mère de son
    enfant séparée.
Voyant la chaleur du sol mêlée
À ce qui vient d'elle et les collines en demander
    davantage,
Devant la pauvreté de l'Irak
Elle s'attarde afin d'être envers elle généreuse,

1. Il s'agit de la nuée.

Elle ne quitte Bagdad que lorsque surgissent
Des rivières infinies.
Sur les rives, les oiseaux semblent si sereins
Que les mains des nymphes peuvent les frôler.

3

Une branche d'ébène dévoila
Du musc de Dârîn ses fruits,
Pour l'amour du parfum je m'enfonçai
Dans la douceur de la nuit
Sans désir d'aurore.

Al-Ḥuṣayn ibn aḍ-Ḍaḥḥâk

1

La pleine lune vanta la beauté de ton visage, la regar-
  dant je crus te voir.
L'arôme du tendre narcisse est souffle de ton
  parfum.
M'est compagnon celui que tu as embrassé ou frôlé
  de tes mains,
Si sur sa bouche je touchais ton baiser, c'est comme
  si je t'embrassais.

2

Dans son dépérissement mon cœur amoureux ne
  parvient pas à se briser,
Mon affliction est si vaste qu'il ne reste plus de place
  pour la maladie.

Abû Hiffân al-Mihmazî

Si la rudesse de la vie en pays d'exil
Me poussait à vendre mes habits,
Je serais, je le jure, telle une épée consommant son
   propre étui,
De tout ornement dépourvue, lorsqu'elle ne sert plus.

Ibn Rûmî

1

Ô mes gens ! Suis-je trop lourd sur cette terre ou se
  plaint-elle de ma laideur ?
Mince et léger, j'occupe si peu d'espace.
Prends-moi en ta douce compagnie afin de rendre
  amoureux l'œil de la mort
Et ne m'oublie pas si le jardin révèle la mosaïque de
  ses splendeurs.
Le jardin te fait outrage lorsqu'il rivalise avec toi en
  vénusté et en parfum.
Choisis de m'être proche si au clair de lune tu
  marches sur les rives du Tigre.
De t'avoir imitée en don et savoir, le Tigre de tant de
  merveilles se revêtit,
À ta demeure il prêta un habit de rosée. Aussi devint-
  il une eau aérée.
Mon malheur est que tu voies en moi un homme
  éperdu qui pâtit d'être de toi éloigné.
Humble je demeure dans mes requêtes, mais devant
  l'injustice je suis fier.
La grâce de ton visage si je fuis ne peut m'atten-
  drir comme les gazelles qui s'empêtrent dans les
  filets.

Mon corps est frêle, mais par l'âme je suis le seigneur
　　des lions.
Je m'éloigne de quiconque me délaisse et persévère
　　dans mon retrait.
J'ai deux faces : la première est lisse et belle, mais
　　rugueuse est la seconde.
Je suis celui qui but l'amertume de la maladie jusqu'à
　　la lie
Et sous des formes hideuses je vis la mort. Elle
　　m'aurait terrassé si elle l'avait voulu.

2

Le nougat ne doit pas manquer,
Il plaît dès qu'il apparaît et crée un sentiment d'étran-
　　geté.
Toutes les fois que la gourmandise veut clore ses
　　portes,
Son honneur s'y oppose.
Si vers un rocher il désirait se diriger
Le parfum lui montrerait le chemin.
Le souffle le fait tournoyer dans son verre
Et le beurre lui offre une volute.
Épaisse est sa farce, cependant
Son écorce est plus subtile que la brise du matin.
On dirait que ses robes sont tissées
De gouttes de pluie devenues des coupoles au fil des
　　jours.
La finesse de sa peau n'a d'égal
Que les ailes des sauterelles.
Si de sa matière la bouche avait été créée
Elle aurait joui d'une beauté éclatante.

3

Suis-je inférieur aux petites gens qui virent leurs ambi-
　　tions

Réalisées parmi écrivains médiocres et policiers?
Des commerçants comme des animaux ont atteint
     leurs buts,
Jouissant de la paix et de la chaleur d'un foyer,
Se délectant du plaisir qu'ils rendent durable entre
     proches et amis
Auprès des chanteuses à la mélodie joyeuse, des belles
     serveuses
Et des courtisanes qui se déplacent tels des vais-
     seaux
Flottant sur la douceur des eaux,
De transparence habillées comme l'air ou le mirage,
Sur elles les perles scintillent semblables au feu s'en-
     flammant,
En elles tu vois l'eau, le feu et le mirage.
La nuit palpite du plus subtil de leurs mouvements et
     disparaît, malgré le sombre vêtement
Elle montre un visage solaire
Et des lunes surgissent d'entre les nuages.
Si parmi elles tu voyais ces gens tu dirais : « Ce n'est
     pas le labeur mais le hasard ! »
Ils ne peuvent être de simples esclaves,
Ils appartiennent à l'ordre des seigneurs,
Si l'époque n'avait été injuste j'aurais été leur égal.

4

Maudite soit la poésie ! Pourquoi a-t-elle gâché
Ma chance comme si je l'avais galvaudée ?
Ne l'ai-je pas dans son errance guidée ?
Affaissée, ne l'ai-je pas relevée ?
J'ai tissé pour les mots des robes
Les imprégnant de beauté jusqu'au cœur.
Pour tout remerciement
Avec son épée elle m'assaillit,
Elle réduisit ma chance

Alors que je travaillais à la raffiner.
Depuis ma tendre enfance je fus privé
Des bienfaits d'un monde qui fut mon hôte,
Ai-je donc perdu toute ambition de m'élever
Jusqu'au sublime ou même de m'en tenir à de
    modestes aspirations ?
J'ai maîtrisé mon âme après qu'elle eut goûté
À l'aisance, et je l'ai invitée à la chasteté.
Je ne demande qu'une bouchée
Mais si elle désire davantage je la réprimande,
Ainsi je demeure sans nul espoir.
Mon âme a beaucoup soupiré mais je l'ai bridée.
Je crains aujourd'hui celui que je suppliais.
J'ai effrayé mon âme lorsqu'elle se mit à prier.

5

Dans une maison, j'appris que des femmes
D'un habit usé se revêtent pour la nuit,
Elles exercent un travail hautement sain
Que Dieu hausse vers le bas.
Si les gens tendent les mains pour une grâce divine
Celles-ci supplient le Seigneur avec leurs pieds.

6

Je suis comme un miroir, à chaque visage je renvoie
    son image.

7

Sa chevelure s'enorgueillit de la noirceur de l'ébène,
De même que ses joues du rouge empourpré.
La beauté en Waḥîd attisa son feu
Sur une joue lisse non creusée par les sillons de la
    vie,
Seule la salive de sa bouche peut adoucir

Le feu qui t'embrase lorsque tu humes ses joues.
«Décris-la», dit celui qui ignore sa beauté.
«C'est facile et difficile», ai-je répondu.
Il est aisé de dire qu'elle est la plus exquise
Mais la définir est chose ardue,
Elle est soleil qui distribue sa lumière
Aux soleils, lunes et astres.
Avec grâce et majesté elle apparaît à tout regard,
Sa beauté dispense l'allégresse ou le chagrin,
Gazelle, elle habite les cœurs,
Tourterelle, son chant est mélodieux,
Toutes parcelles de son corps demeurent sereines,
Alors qu'elle chante et excelle dans le chant
Un souffle prolonge le son de sa voix
Comme le long soupir des amants,
Voix modulée par fine coquetterie
Et affaiblie par tant de peine qu'elle faillit se dis-
      siper.
De son amour un conseiller me blâme
Mais ne réussit point à m'en détourner,
Dans le cœur elle demeure et elle est aussi loin
Que les Pléiades. Aussi est-elle la proche lointaine
Où que je sois, j'ai un compagnon de son amour
Qui s'établit là où elle demeure :
À ma droite, à ma gauche, devant
Et derrière moi, il ne m'est pas loisible de l'esquiver.
Est-elle une chose dont l'œil se réjouit sans cesse
Ou se renouvelle-t-elle à chaque instant?

Al-Buḥturî

1

Les poitrines des guerriers débordent de tant de haine
Que leurs cuirasses deviennent trop étroites,
Lorsqu'ils guerroient, leur sang s'écoule
Au souvenir de leurs parents, ce sont leurs larmes
   qui coulent.

2

En elle[1] les courants d'eau hâtivement se jettent
Comme des chevaux échappant aux brides des cava-
   liers,
Le sourcil du soleil par moments rit avec elle,
Parfois, la pluie jaune se mêle à leurs larmes,
Lorsque la nuit les étoiles incandescentes l'entourent
Tu crois voir le ciel s'incruster en elle.

3

Il fut par ta promesse-mirage trompé et ton cœur
Cruel sema la discorde entre ses paupières.
Elle mêla la rencontre à l'éloignement,
Proche dans l'éloignement, à l'écart dans la proximité.

1. Le poète décrit une fontaine.

4

Le printemps est arrivé libre, se pavanant,
Riant de tant de beauté qu'il faillit parler.
Le *nawrouz*[1] a éveillé dans les ténèbres de la nuit
Les premiers bourgeons qui la veille étaient endormis.
La fraîcheur de la rosée les fit éclater comme si
Elle divulguait une parole qui était au secret.
Il se vêtit des habits des arbres
Comme une dentellière déployant ses fines broderies.
La brise était si subtile
Que tu la croyais souffle des amants.

5

Si tu le voyais tu t'apercevrais qu'au fil du temps[2]
La fête s'est évanouie au profit des funérailles.
Si tu avais vu l'image d'Antioche entre Persans et
    Byzantins, tu aurais tremblé.
La mort est patente et Abû Shirwân s'avance sous un
    étendard entre les rangs,
Dans un habit vert aux reflets jaunes se pavanant
    dans la couleur pourpre.
Silencieuse est la bataille en sa présence, tu ne per-
    çois ni cris ni tintement de cloches,
Parmi les guerriers certains tenant des javelots se
    penchent,
D'autres tiennent des boucliers afin de se protéger.
L'œil les voit vivants malgré leur apparent silence,
Si fort est mon doute que ma main souffre de ne pas
    les toucher.

1. Le *nawrouz* (le 21 mars ou début du printemps) est la
fête du nouvel an pour Persans, Kurdes et Arméniens.
2. Il s'agit de la description du palais de Kisrâ et de la pein-
ture qui orne les murs du palais.

Ibn al-Mu'tazz

1

Je savourai une coupe claire comme le ciel
Dans l'espoir d'une rencontre ou d'un baiser.
D'elle les jours me séparaient, comme si elle était
Étincelles jaillissant des fissures du ciel.
À travers le verre sa lumière continue à luire,
Même cachée par un voile.

2

L'étoile dans la nuit opaque est semblable
À un œil qui, à la vigilance du censeur, tente de se
    dérober
Et le jour qui surgit de l'obscurité ressemble
À une chevelure blanche qui traverse la ténébreuse
    nuit.

3

Nous nous sommes enivrés et renions toute pudeur
Et toi Seigneur! Tu es Témoin de ce que dissimule le
    cœur.

4

Elle est vide depuis le départ de l'aimée.
Qu'elle soit déserte ou peuplée la terre est désolée.
Les gens pleurent dans les demeures
Comme si les patries étaient devenues cimetières.

5

Majestueux fut l'échanson qui venait
Nous servir un vin couleur jonquille
Alors que le matin surgissait de l'Orient.
Tandis que la nuit exhalait son dernier souffle
Ses mains nous servirent gracieusement du vin
Mettant dans nos verres des éclats de soleil.

6

Mes larmes te diraient ma passion
Et ma nostalgie si tu les interrogeais.
J'ai gardé de toi le souvenir d'un miroir
Où je contemple ton visage.

Manṣûr at-Tamîmî

Révolue est l'époque où l'on disait : « Femme ! Tu es
   répudiée,
Auprès des tiens, tu dois retourner », ou bien : « Ô
   esclave, tu es libre désormais ! »
Révolue est l'époque où l'on s'interrogeait : « Quand
   la répudiée pourra-t-elle de nouveau jouir ? »
Et comment parler d'un interdit au sujet d'une
   gazelle qui, gémissante, s'enfuit ?
C'est une ère de labeur et de peine jusqu'à la mort,
   ou de simple survie.

Ibn al-'Allâf

1

Ô chat, tu nous as quitté définitivement!
Tu étais aussi cher qu'un enfant.
Comment cesser de me languir de toi?
Tu étais pour nous une arme dans cette vie.
Tu ne craignais point le soleil accablant de l'été
Et de l'hiver glacial tu ne te souciais.
Dans la tour des pigeons à pas de loup tu entrais,
Goulûment tu dévorais leurs petits,
L'égarement te fit chérir leur chair,
Aussi leurs maîtres ont-ils décidé ta mort.
Ils n'eurent pas de pitié pour ta voix affaiblie
Comme tu n'en avais pas pour celle chantante des
    petits.
Leurs maîtres te firent goûter la mort
Comme tu pris goût à leurs poussins. Œil pour œil.
Que la nourriture cesse d'être bénite
Si dans l'estomac la mort élit son séjour.

Abû Bakr aṣ-Ṣanawbarî

1

Lorsque s'élève la pleine lune et que sa lumière res-
   plendit,
Au mois d'octobre, tout au long du Tigre,
Face à son halo se tient l'eau argentée,
Certaines étoiles éclipsent l'éclat des autres dans la
   douceur de la nuit.
Quiconque a la vue pénétrante s'imagine
Voir briller les astres dans les entrailles de la terre.

2

L'éternité n'est qu'un printemps scintillant,
Lorsque arrive le printemps émergent fleurs et
   lumière,
Rubis devient la terre, perle est l'atmosphère,
Turquoise l'herbe, cristalline est l'eau.
En lui, les roses sont harmonieusement disposées
En bonne compagnie et les giroflées éparpillées.
Celui qui respire le jasmin du printemps dit :
« Ni le musc n'est musc ni le camphre n'est camphre
   en réalité. »

3

Si au pin l'on voulait nous affilier[1],
Sache que nous ne descendons pas d'un vulgaire bois
Mais d'un arbre prodigieusement haut
Dont les racines sont de noblesse empreintes,
Feuillage comme tentures de soie
Sur des colonnes d'or dressées,
Traversant l'été comme l'hiver il demeure vert
Lorsque blanchit la chevelure des arbres.

4

Voilés furent les charmes de son visage,
Aujourd'hui le printemps lui ôta ses voiles.
Roses qui rivalisent avec les joues et narcisses
Pareils aux yeux lorsqu'ils rencontrent leurs amants.
Les cyprès ressemblent aux nymphes gracieuses
Lorsqu'elles dévoilent leurs belles jambes en soule-
　　vant leurs robes
Comme si la brise du matin était
Souffle d'une femme jouant auprès de ses amies,
Si ce jardin était mien
Jamais un malveillant n'aurait frôlé son sol.

5

Devant la vénusté d'un narcisse qui regardait, les roses
　　s'empourprèrent,
Les fleurs d'épices devinrent jalouses,
Voilées d'or, les marguerites rirent fièrement
Puis le thym médisait et l'iris écoutait.
Lorsque les secrets furent divulgués
L'anémone montra ses joues

1. Aṣ-Ṣanawbarî signifie qu'il appartient au *ṣanawbar*, le pin.

Sillonnées par les traces des soufflets,
Sur elles furent versées des larmes de rosée
Tels des pleurs ruisselant des yeux en peine.
Par la giroflée toutes les fleurs furent interpellées,
Elles se précipitèrent comme une grande armée.
Tous s'accordèrent afin de combattre le narcisse.
Lorsque j'aperçus le jeune narcisse blême
Devant la victoire des autres, vaincu
Je m'adoucis auprès des fleurs
De peur que ne triomphât le troène.
Ainsi furent-elles toutes rassemblées
Dans un ensemble où se mêlaient musique et chants
    d'oiseaux.

6

Dans l'encoignure son regard demeure fixe[1],
De même que sur les toits et devant les portes.
En un clin d'œil il se saisit de sa proie,
Même si elle réside dans les nuées !
Lorsqu'il court, il est aussi élancé qu'une jeune
    mariée
Et parfois, il semble marcher sur un jujubier.

7

Se drapant dans des robes de fleurs le printemps s'est
    dévoilé
Et les colombes ont composé leurs mélodies.
Éloignez l'eau, éloignez-la et levez-vous,
Approchez filles des jarres, approchez !
De chaque vin, pour chacune
De ses couleurs veuillez m'abreuver,
Vert, comme l'émeraude dans un rouge écarlate à la
    peau pure comme le corail.

1. Le chat.

Abû al-Qâsim az-Zâhî

1

Je vois la nuit s'éclipser et les étoiles
Semblables aux yeux assoupis des échansons.
L'aube surgit emplissant l'univers de sa lumière
Comme une source jaillissant de la terre.

2

Semblable à la paupière est la nuit, et les éclairs
Sont une source jaillissant du soleil qui s'ouvre et se
    referme.

Al-Muhallabî

1

Y a-t-il une mort que je puisse acheter ?
Cette vie est sans éclat et sans attrait.
Y a-t-il une mort au goût suave
Qui puisse me délivrer d'une vie honnie ?
Lorsque j'aperçois une tombe de loin
Je souhaite être son proche voisin.

2

Mon bien-aimé me dit, alors que la séparation
Me faisait gémir et me répandre en sanglots :
« Que feras-tu après moi sur ce chemin ? »
Je répondis : « Te pleurer tout au long du chemin. »

Al-Mutanabbî

1

Les guetteurs savent que tu ne viendras pas dans
    l'opacité de la nuit
Car tu transfigures en lumière toute obscurité.
La belle craint que son parfum ne la trahisse,
Soleil sont ses promenades nocturnes.
De ne plus être alité je me plains désormais.
Tes yeux m'ont blessé jusqu'aux entrailles,
Ton regard a transpercé ma cuirasse
Alors que la lance la heurtant s'est brisée.
Il est dans la nature des nuits d'inculquer le doute à
    ma chamelle,
A-t-elle surgi de ma poitrine ou du désert?
Comment traverser les monts du Liban
En temps hivernal? L'hiver est également leur été,
La neige a couvert tous mes sentiers,
Ils sont devenus sombres malgré leur blancheur.

2

Que soit sacrifiée la marche nonchalante des femmes
À celle rapide de ma chamelle.
Grâce à elle j'ai traversé la terre de l'errance,
Tel un joueur, je gagne ou je meurs.

Lorsque la crainte la saisit, les chevaux ont la pré-
séance

Ainsi que les glaives tranchants et les lances aigui-
sées.

Elle passa par Nakhl avec un équipage.

Lorsque nous atteignîmes un carrefour

Elle nous laissa le choix entre la vallée des Eaux et la
vallée de Qurâ.

Alors que nous étions à Turbân, nous question-
nâmes :

« Où est la terre d'Irak ? » « Proche », répondit-elle.

Elle souffla tel le vent d'Orient

Lorsqu'il accueille le vent d'Occident

Tendant vers al-Kifâf et le cœur des vallées

Et la vallée d'al-Ghadâ voisine d'al-Buḥayra.

Elle parcourut Busayṭa parsemée d'autruches et de
gazelles

Comme si l'on traversait une robe rapiécée

Jusqu'à ce qu'elle eût atteint 'Uqdat al-Jawf afin d'étan-
cher

Quelque soif grâce à l'eau de Jurawî.

Au matin Ṣawar lui apparut

Et elle aperçut Shâghûr à l'heure du midi,

Sa vélocité lui fit atteindre le soir al-Jum'î

Et le matin ad-Dânâ après al-Adarî.

Ô nuit sur a'kash d'une opacité telle

Que les cailloux avec le noir se confondaient !

À Ruḥayma nous parvînmes en pleine nuit.

Ce qui reste avant l'aube est plus long que ce qui
s'était écoulé

Lorsque à notre destination nous parvînmes, nous
plantâmes

Au cœur de la gloire et de la grandeur, nos lances,

Nous embrassâmes nos épées

Et les essuyâmes avec le sang des ennemis

Afin que les peuples d'Égypte et d'Irak et

Des autres contrées réalisent que je suis le vaillant,
Que je tiens ma promesse, que je suis supérieur,
Écrasant de ma tyrannie tous les tyrans,
Que celui qui ourdit une promesse ne la réalise pas
  toujours
Et l'opprimé ne s'insurge pas toujours contre l'op-
  pression.
D'un outil le cœur doit disposer
Et d'une détermination apte à fendre les plus durs
  rochers.
Celui qui dispose d'un cœur comme le mien
Transperce pour la gloire le cœur même de la mort.
Tout chemin par un homme convoité
Est à la mesure de l'ardeur de ses pas.
Le vil esclave[1] sommeillait la nuit lors de notre
  départ,
Il était frappé non par le sommeil mais de cécité.
Même dans la proximité, nous étions
Par un désert d'ignorance et d'aveuglement séparés.
Avant de croiser son chemin je pensais
Que le cerveau était le siège de la raison
Or, scrutant son esprit je m'aperçus
Que dans ses testicules résidait tout son esprit.
Que de choses comiques peuplent l'Égypte,
Mais les rires ressemblent aux gémissements.
Y demeurent un nabatéen enseignant
Aux nobles chevaliers du désert leur filiation
Et un Noir dont la lèvre est la moitié de son corps,
Surnommé « la pleine lune qui éclaire l'obscurité »

1. Il s'agit du prince Kâfûr al-Ikhshîdî qui, craignant l'am-
bition d'al-Mutanabbî, lui promettait une province sans réa-
liser sa promesse. Il était noir et al-Mutanabbî composa
plusieurs vers où il se moquait ouvertement de Kâfûr et de sa
couleur noire, synonyme (dans l'imaginaire de l'époque) de
l'esclavage.

Ma poésie offerte à ce rhinocéros
Ne fut composée que pour ma seule subsistance,
Elle ne fut point louange pour lui
Mais calomnie pour les humains.
Il est vrai que des mortels se trompent en adorant
    des idoles
Mais cette idole-ci est une outre pleine de vent.
Muettes sont les idoles interpellées
Or celui-ci délire ou pète dès qu'il est agité.
Celui qui ignore sa véritable valeur
La voit dans les yeux de l'autre réfléchie.

3

L'homme affligé n'est pas maître de sa raison
Ni de ses larmes lorsqu'il est en peine.
Une nouvelle parcourut al-Jazîra jusqu'à moi,
Par maints espoirs mensongers je tentais de la cacher,
Lorsque toutes mes espérances m'eurent quitté
Je répandis tant de larmes que je faillis étouffer.

4

Comme si l'aube était un amant que l'on visite
Et qui craint qu'un guetteur ne sorte de l'obscurité,
Ses étoiles ressemblent à une parure de bijoux étin-
    celants
Tandis que ses pieds foulent la surface de la terre.
Comme si l'atmosphère éprouvait ce que j'endure,
Et comme si sa nuit par mon insomnie était attirée
Pour ne s'évanouir que lorsqu'elle disparaît,
Je ne cesse de scruter la nuit
Comme si je comptais les fautes de l'éternité.
Même longue ma nuit est plus courte que le jour,
Par le regard des envieux habitée.
Nulle vie n'est plus détestable que lorsque

Les envieux jouissent avec moi des parcelles de cette
   vie.

5

Que la distance entre mes bien-aimés et moi
Soit celle qui me sépare de mon infortune.
Tu pris mon corps pour un fil
Et tu lui interdis d'en parer une poitrine par des
   perles embellie.
Elle brandissait maintes menaces si je n'obéissais
   pas,
Ignorait-elle que la honte est la pire des sanctions ?
Il m'est aisé lorsque je désire ardemment une chose
De surmonter la frappe des lances et des épées,
La vie de l'individu tout entière ou dans chacun de
   ses moments infimes
Est éphémère. Ce qui demeure est voué à la dispari-
   tion.
Il suffit ! Je ne suis point de ceux qui, esquivant
La morsure des serpents, s'attardent aux scorpions.

6

Alors que mon visage est marqué par les blessures du
   temps
Mon âme ne vieillit pas en dépit de l'âge.
Tandis que s'usent les ongles du corps, son ongle à
   elle durcit,
Tranchante reste sa dent lorsque ma bouche perd les
   siennes,
Le temps a prise sur moi, point sur elle,
J'atteins aux limites de la vie alors que sa fraîcheur
   est intacte.
Je suis l'astre qui guide les amis
Lorsque les étoiles par les nuages sont voilées,
D'aucun pays je ne suis le vassal

Récusant une fois parti l'espoir d'un retour.
Le secret demeure fidèlement gardé,
Ni le compagnon ne l'atteint ni l'ivresse ne parvient
    à le délier.
À la belle j'accorde une heure de mon existence
Et si je traverse le désert ce n'est point pour la ren-
    contrer.
Un autre cœur que le mien peut être par les flèches
    des belles transpercé
Et une autre main que la mienne par les coupes du
    vin embellie
Mais pour la pointe des lances je me détourne de
    toute autre volupté.
Au maniement des armes je réserve tout mon
    plaisir,
Le lieu le plus glorieux dans ce monde-ci est la selle
    d'un pur-sang
Et le livre demeure le plus fidèle des compagnons.
Toute merveille m'interpelle
Comme si j'étais singulier au regard des choses
    inouïes.

7

Nous sommes les héritiers des morts, pourquoi
Se détourner de ce que nous devons consommer ?
Nos mains refusent de livrer nos âmes
À un temps auquel pourtant elles appartiennent.
Ces âmes vivent de son air
Et ces corps sont pétris de sa terre.
Si l'amoureux séduit par la beauté réfléchissait sur
Ce qu'elle est, il n'aurait pas été conquis.

8

La maladie a tant insisté que je m'y suis habitué,
Médecins, infirmiers et visiteurs furent lassés.

Je tente de grandes réalisations mais les jours me
    pressent
Et je les combats à mon tour.
Je suis seul dans un pays sans amis.
Rares sont les aides lorsque l'œuvre est grande.

9

Tu as façonné les pointes des lances à partir de leurs
    angoisses,
Bien avant de mourir les ennemis sont vaincus,
Toutefois ta clémence les ressuscite avant le jour du
    jugement dernier.
Ne te fie pas aux belles paroles
Que les cœurs des ennemis parviendront à modi-
    fier
Et sois comme le trépas, jamais affligé par les pleurs
D'un solitaire. Bois! Cependant, demeure assoiffé.

10

J'incrimine les petites gens de cette époque.
Le plus déterminé est vil, le plus savant est ignorant,
Le voyant est aveugle et le plus généreux est un
    chien,
Le plus vaillant est un singe et l'espiègle un félin.
Quelle infortune dans ce bas monde pour un homme
    libre
Qui dans la nécessité côtoie ses ennemis!
Me restent deux amis dans ce monde : un chagrin et
    une larme
Précieusement gardés pour la disparition de la bien-
    aimée.

11

Le temps n'a pas laissé dans mon cœur
Le loisir d'être avili par l'amour des femmes.
Ô mes échansons ! Qu'y a-t-il dans votre coupe,
Du vin ou souci et chagrin ?
Suis-je une pierre ? Pour quelle raison ne suis-je point
    ému
Par la saveur de la boisson ou la mélodie des chants ?
En réalité si je désirais du vin rouge et pur
Je le trouverais même si la bien-aimée est perdue.
Ce monde, que m'a-t-il accordé ? Et le plus déconcer-
    tant
Est que l'on m'envie pour ce qui cause mes tour-
    ments.
Suis-je devenu un trésorier fortuné ?
Je suis certes riche, mais de promesses.
Des vils menteurs je suis l'hôte,
Privé de nourriture de même que de la possibilité de
    partir.
La générosité des mortels vient de ce que leurs mains
    ont accordé
Mais ceux-là ne donnent que leurs paroles. Maudits
    soient-ils ainsi que leur générosité !
Même la mort n'arrache une âme parmi eux
Qu'avec un bâton afin de ne pas être par leur puan-
    teur souillée.

12

Je combats une armée de chevaux dont le temps est
    un cavalier.
Ne pensez pas que la gloire consiste dans le vin et les
    chanteuses :
La gloire est dans l'épée et le combat singulier.
Celui qui dépense ses heures à entasser son argent

De crainte de la misère est vraiment misérable.
J'ai traversé montagnes et océans qui témoignent
    que je suis la montagne et l'océan.

13

La mort n'est qu'un malandrin hâve qui,
Sans mains, attrape avidement et circule sans pieds.
Lorsque tu réfléchis sur le temps et ses revirements
Tu comprends que la mort est une sorte d'assassinat.

14

L'avarice de la bien-aimée la rend plus lointaine
    encore
Et les chamelles ne peuvent vaincre un tel éloigne-
    ment.
Elle est lasse de tout ce qui perdure, excepté
De son ennui. Elle ne s'en lasse jamais
Comme si sa taille élancée lorsqu'elle s'avance
Était éprise jusqu'à l'ivresse du vin de ses yeux.

15

À mes départs je me suis accoutumé.
Mes chamelles et ma selle sont désormais ma terre.
Celui dont la bouche est souffrante, amère,
Trouve l'amertume même dans l'eau cristalline.

16

Partageant la solitude des ascètes
Il ignore les lois du permis et du prohibé.
Avec orgueil il frôle tendrement le sol
Comme s'il était un médecin auscultant un malade.
Il repousse nonchalamment sa crinière
Jusqu'à ce qu'elle ceigne sa tête telle une couronne.
Entendant son rugissement tu le crois

Dans sa fureur de son être détourné.
La peur qu'il surgisse raccourcit les pas
Comme si l'homme vaillant était à son cheval lié.

17

On dirait que ton âme n'accepte que tu en sois le
    maître
Que si tu t'élèves au-dessus de tous les vertueux,
Elle ne te considère gardien de sa vie
Que si tu la donnes dans la terreur.
Sans le travail, les humains seraient tous seigneurs.
La générosité appauvrit et la hardiesse tue.

18

Lorsque les desseins sont grands,
Les corps s'épuisent à les réaliser.
Morte est chaque vie non savourée
Et chaque soleil que tu n'es pas est obscurité.

19

Si pour une œuvre noble tu tentes l'aventure
Ne te contente pas de ce qui est en dessous des
    étoiles.
Le goût de la mort dans une mince affaire
Ressemble au goût de la mort pour un grand des-
    sein.

20

Celui qui est doué d'intelligence est malheureux
    même au paradis,
En revanche, l'ignorant sait jouir même au sein de la
    misère.

21

Que Dieu t'assiste, toi, l'esseulée,
Morte de nostalgie, qui pourrait te blâmer[1] ?
Par crainte pour sa vie de son vivant je la pleurais.
Chacun de nous fut l'unique aux yeux de l'autre.
Si l'éloignement tuait tous les amants
De son départ le pays aurait été anéanti.
Après tant de peine ma lettre lui est parvenue,
De joie elle en est morte et moi de chagrin,
Que la gaieté me soit désormais interdite !
Poison est la joie dont elle est morte :
Elle fut déconcertée par mon écriture et mes paroles
Comme si elle voyait à travers les lettres des corbeaux
    blancs
L'embrassant jusqu'à ce que sa bouche
Et les contours de ses yeux soient par l'encre noircis.
Ses larmes cessèrent de ruisseler, ses paupières séchè-
    rent
Et mon amour qui l'avait blessée quitta son cœur.
Seule la mort put la consoler, la maladie fut dissipée
Par ce qui est plus fort que la maladie.
Pour elle j'ai tenté la fortune mais elle s'est éteinte et
    je l'ai manquée.
Elle m'aurait accepté si d'elle je m'étais contenté
Mais je ne me souciais que de guerre et de lances.
J'implore pour sa tombe la pluie désormais.
Je craignais avant sa mort la séparation.
Ce qui fut à mes yeux immense me paraît doréna-
    vant petit.

---

1. Al-Mutanabbî pleure la disparition de sa grand-mère qui
l'a élevé. Après une longue absence, al-Mutanabbî envoya à
sa grand-mère une lettre qui l'informait de son retour. De
joie, elle en est morte.

\[q\]ue je puisse te venger des ennemis,
\[comm\]ent pourrais-je de la mort te venger ?
L'univers ne s'est pas refermé sur moi car trop étroit
Mais aveugle est l'œil qui ne te voit,
Ô tristesse ! Je ne pourrai embrasser ta tête
Ni m'incliner sur ta poitrine,
Ni rencontrer ton âme gracieuse
Dont la suavité d'un parfum lui était un corps.
Et si tu n'avais été la fille du plus noble des pères
La grandeur du père est que tu sois ma mère.
Si de sa disparition se réjouissent les médisants,
Elle leur a laissé un procureur en m'engendrant.
Qui élit l'exil s'enorgueillit de lui-même,
Rejetant tout jugement hormis celui du Créateur,
Ne suivant que le cœur des tempêtes,
Ne savourant que les actes de bravoure et de généro-
    sité.
Dans chaque contrée on me demande qui je suis
Et ce que je désire, mais mon désir est indicible,
Comme si leurs enfants étaient certains
Que je leur apporterai ce qu'il y a de plus singulier.
Réunir eau et feu dans une main
Est-il plus difficile que de réunir chance et intelli-
    gence ?
Je descends d'une lignée dont l'âme répugne
À prendre chair et os pour demeure.
Ainsi je suis, ô vie ! Tu peux partir !
Et toi, âme, n'en sois pas effrayée et enfonce-toi dans
    les terreurs de la vie.
Que nulle heure ne passe si elle ne me chérit !
Et que mon âme s'anéantisse si elle accepte la
    tyrannie !

Abû Firâs al-Ḥamadânî

1

Je reste sobre bien que les événements me dévorent
Et la mort devant moi ne cesse de passer.
En des temps cruels l'homme rencontre-t-il un appui?
Le noble généreux peut-il trouver des amis?
Hormis quelques-uns, les hommes sont devenus
Des loups que les vêtements dissimulent.
Auprès de mes gens qui m'ont cru j'ai joué au niais.
Que sur l'ignorant s'abattent terre et cailloux.

2

Ne me dépeins pas la guerre,
Elle est depuis ma tendre enfance boisson et nourriture.
Avec le bruit des clous mon âme s'est familiarisée,
Et ma peau, transpercée par des lances bleues.
J'ai traversé le temps dans son amertume et sa beauté
Et dépensé ma vie sans compter.

3

Ô fillette ! Ne t'afflige pas,
Tout être est voué à la mort.
Néanmoins derrière ton rideau et ton voile
Pleure amèrement ma disparition.
Un jour si tu m'appelles
Et que je ne puis répondre, dis ceci :
« Fleur de la jeunesse fut Abû Firâs
Qui n'a guère joui des plaisirs de son âge. »

4

Je te vois ravaler tes larmes et t'enorgueillir de
    patience,
Le règne de l'amour n'a-t-il pu de toi triompher ?
Certes, je suis dans la nostalgie et vis dans l'angoisse
    du tourment,
Toutefois le secret d'une personne comme moi ne
    peut être divulgué,
Lorsque la nuit m'enveloppe je déploie les ailes de la
    passion,
Retenant des larmes, ô si naturellement fières !
Le feu faillit éclairer mes entrailles
Déjà enflammées par le souvenir et la nostalgie.
Ô toi qui me promets l'union, entre nous se dresse la
    mort.
Que la pluie cesse de tomber si je meurs assoiffé.
Lorsque j'apparus mes gens étaient présents.
Déserte est la demeure à laquelle je n'appartiens
    pas.
Pour ton amour j'ai défié mes proches
Alors qu'ils sont pour moi, hormis ton amour, le vin
    et l'eau.
Elle disait : « Loin de nous le temps t'a flétri. »

« À Dieu ne plaise, c'est toi et non le temps », ai-je
  répondu.
Sans toi les chagrins n'auraient pas frayé vers mon
  cœur
Leurs chemins, mais les tourments ont des passe-
  relles.
Des demeures inaccessibles ne m'ont pas effrayé
Mortellement, dès l'aube je les ai attaquées
Et tout un quartier dont j'ai repoussé, jusqu'au
  triomphe, les ennemis,
Mais je fus vaincu par les belles femmes voilées.
Lorsque mes amis s'écrièrent : « La fuite ou la mort ? »
Je dis : « Deux solutions : la plus douce est amère »,
Mais je vise ce qui ne m'avilit pas.
Il suffit que des deux la meilleure soit la captivité.
Ils espèrent une faveur en m'accordant mes vête-
  ments,
Ils sont en fait empourprés de leur sang.
Dans les temps cruels, les gens vont de moi se sou-
  venir.
C'est lorsque la nuit est obscure qu'on regrette la
  pleine lune.
Du juste milieu nous sommes dépourvus,
Nous recherchons l'exclusivité du prestige ou le tom-
  beau.

5

Que soit arrosée la terre d'Alep tant que tu y
  demeures
Ô lune, il existe deux pluies : celle qui tombe et le
  don de l'ami.
D'elle je m'éloigne tandis que mon cœur reste
  attaché,
On dirait que ma monture est prisonnière de la
  pesanteur,

Comme si déserts étaient la terre et tout pays
Et comme si les villes étaient vides de toute présence
  humaine.
Il en va ainsi du caillou qu'on lance vers le ciel,
Il ne monte que pour retomber.

6

Contre les lions j'ai protégé des proies. Mais je fus la
  proie des hyènes.

7

Tandis qu'une colombe gémissait à mes côtés je
  disais :
« Ô voisine ! Si tu pouvais comprendre ce que
  j'éprouve !
Tu n'as point goûté à la frappe de la mort
Ni les peines n'ont frôlé ton cœur et ton esprit.
Des rémiges sur une branche inaccessible
Peuvent-elles porter un cœur affligé ?
Ô voisine ! Le temps n'était guère généreux à notre
  égard.
Viens que je partage avec toi peines et chagrin,
  viens,
Viens voir mon âme toute blême
Dans un corps torturé, vieilli.
Le prisonnier peut-il rire alors que libre la colombe
  pleure ?
Est-ce que l'homme affligé se tait quand gémit
  l'homme joyeux ?
Plus que toi, mes yeux sont voués aux pleurs
Mais lorsque les événements sont funestes, précieuses
  sont les larmes. »

8

Aux cavaliers, elle ne cesse de mendier des nouvelles
Avec des larmes qui coulent sans répit.
Quelqu'un a-t-il déjà vu des chemins dressés
Dont la hauteur le sépare de la bien-aimée?
Quelqu'un a-t-il déjà vu des chaînes
Dont les plus rudes sont celles de l'amant?
Ô cavaliers! Pourrais-je vous confier
Des secrets d'amour légers à porter?
Dites-lui si elle entend votre parole
Car mon souvenir continue de l'accabler :
« Ô mère! Ce sont nos sources, parfois
Nous les portons en nous et parfois en elles nous
    nous abreuvons.
Nos gens nous livrèrent aux tourments,
Les plus minces pour nous sont les plus meurtriers.
Ô toi qui te drapes dans le lin comment en changer?
Nos habits sont de laine mais nous refusons de les
    ôter.
Ô cavalier si tu nous voyais!
Soulevant nos chaînes afin de les transporter,
Tu verrais de nobles visages dans la misère,
Le temps en a terni la beauté,
Tu la reconnais parfois mais souvent tu la renies.

Kujâshim

1

Elle s'avança drapée dans sa tunique bleue,
Un bleu pareil à l'eau courante.
À travers son habit je l'ai contemplée,
Corps de lumière dans une robe de vent.

2

Les pleurs avaient tellement épuisé mes larmes
Que sur mes propres larmes j'ai pleuré.

3

Elle était si resplendissante le jour des funérailles
Que le mort aurait ressuscité si elle l'avait appelé.
Le port du voile lui était interdit
Mais dénouant sa chevelure, elle éveilla un réel deuil.

As-Sarî ar-Raffâ'

La poésie est comme le vent. Convoitant une fleur
    elle exhale son parfum,
Nauséabonde elle devient lorsqu'elle frôle un cadavre.

Al-Wa'wâ' ad-Dimashqî

1

Je t'ai ouvert l'espace de mon amour.
Ta présence ou ton absence me sont égales désor-
    mais.
Même si tu te veux lointaine
Tu demeures proche de mon cœur.

2

Comme si le sommeil frappait à ma porte
Voulant s'unir à moi alors que mes yeux le rejettent,
C'est un ami dont l'absence devient longue,
Je le reconnais parfois et parfois je le renie.

3

Si les larmes pouvaient faire germer l'herbe,
Paysage de printemps serait ma joue.

Tamîm ibn al-Mu'izz

1

Ô toi qui jouis de ma douleur,
Qu'elle est exquise cette douleur venue de toi !
Si l'on me fouillait au corps,
On trouverait sous mes vêtements ma peine errante.

2

Je lui dis : « Du *khôl*[1], la veille d'un adieu ?
Comme si tu n'en étais point accablée. »
Elle répondit : « Afin que mes larmes le transformment
Et qu'il devienne deuil sur mes joues. »

---

1. Fard de couleur sombre (souvent noir) appliqué sur les paupières généralement des femmes.

Al-Aḥnaf al-'Akbarî

L'araignée tisse une toile fragile
Et moi je demeure sans patrie.
Au sein de son espèce, l'insecte possède un logis
Et moi je n'ai ni compagnon ni abri.

Ibn al-Ḥajjâj

1

Lorsque ma faim fit blêmir mon bec,
Pour un autre pays je fuis ma patrie.
Certains disent : « Le vaurien fuit,
S'il était vaillant il aurait résisté. »
Il n'y a nulle honte à fuir :
Le prophète des lumières ne s'est-il pas enfui dans la
  grotte ?

2

Ô mes amis j'ai soif et la rousse
Désaltère l'errant assoiffé.
Ne me privez pas de celle-là même que
L'Annonciation coranique interdit.
Je voudrais m'abreuver de celle
Qui signifie l'obéissance à Satan.
Abreuvez-moi, de mes propres yeux j'ai déjà vu
Ma place au fond de l'enfer.

3

Il m'échoit de sculpter les rimes en les arrachant à la
  matière.
Que m'importe si le troupeau ne me saisit guère.

Ibn Wakî' at-Tanîsî

Mon zèle se contente de l'indolence,
Des hautes aspirations il se détourne.
Il connaît le goût de la grandeur
Mais préfère la douceur de la paix.

As-Sulâmî

1

Nous choisîmes de nous installer
Dans une maison peuplée de jeunes beautés.
Sur le son du tambourin nous priions
Et jouissions des belles mélodies.
L'imam devant une coupe se prosternait
Ou restait devant la flûte agenouillé.

2

Ma nostalgie d'un feu pour eux allumé
Est telle que la douleur devient délice.
Dépouillée de ses habits, la nuit est ivre
D'allégresse, elle lacère la robe de l'obscurité.
Je jure par mes yeux que si je trouvais le feu éteint,
Pour l'attiser, j'offrirais mon corps en sacrifice.

Al-Wâsânî

Un jour de fête, ils quittèrent leurs maisons pour un
    repas gratuit.
Nous jouissions d'une douce paix lorsque retentirent
    des cris.
Ils dévastèrent une maison regorgeant de biens, de
    bois et de blé.
Au début du cortège se tenait un hâshimite[1]. Chose
    inouïe !
Bouche énorme, estomac vaste et grossier,
Comment pourrais-je injurier les descendants
Du plus parfait des hommes, de la plus noble des
    dames ?
Le jour du jugement dernier à la chaste et noble
    dame je me plaindrai,
Je dirai : « Ô fille du meilleur des prophètes
Et mère des filles parmi les plus nobles !
Quel crime ai-je commis à l'égard de tes fils pour
    qu'ils me malmènent ainsi
Et qu'ils me dévastent sur les terres du Soudan et
    d'Éthiopie ? »

1. De la famille de Banû Hâshim dont descend le prophète
Mohammad.

L'homme cultivé dont j'étais fier avec d'autres m'a
    envahi
Ainsi que le lettré qui fut mon voisin, mon ami et
    confident.
À chaque fois qu'il dévorait un poulet, je déchirais
    mes habits,
Comme un serpent il vidait mon vin et engloutissait
    les mets.
Ils convoquèrent un musicien dont la musique n'était
    rien que pets d'esclaves et de bergers,
Le chant du chanteur provoquait nausée, vomisse-
    ment et diarrhée.
Perplexe et interdit je demeurai, ivre et atterré.
Confuse, la parole perdait toute signification.
Ils dévorèrent tous mes biens et tout ce que mes voi-
    sins possédaient.
Les entendant réclamer davantage : « Cache mon
    cheval », dis-je à mon serviteur.
Avec des mots outrageants je fus insulté et mon hon-
    neur souillé.
Pour couronner mon malheur ils s'amusèrent à briser
    ma vaisselle
Et exigèrent la fornication à la fin de la nuit.
Certains étaient friands de jeunes éphèbes, d'autres
    de belles femmes.
Je crus à une plaisanterie, les voyant sérieux : « C'est
    du délire ! » m'écriai-je.
Ô peuple ! si vous aviez entendu dans la nuit, au cré-
    puscule,
Femmes et éphèbes derrière des portes closes se
    plaindre et gémir !
À la fin ils dévastèrent ma maison et l'arrosèrent
    d'huile, d'urine et de vomi,
Ma maison ne valait guère plus que de la bouse.

Abû ar-Ruqaʿmaq

1

Je loue mes folies. Grâce à elles
Flotte à l'horizon l'étendard de ma déraison.
Je ne souhaite ni m'en délier ni la remplacer.
De délaisser sa folie, l'être serait-il pardonné ?

2

Unanimes furent les gens : ma déraison
Est meilleure que ma vertu et ma religion,
Depuis que j'ai simulé la folie, elle
M'habille et mon délire me nourrit.

Al-Mutayyam al-Ifrîqî

1

Aux jeunes lettrés que je ne connais pas,
Semblables aux étoiles qui scintillent dans la nuit,
Fuyant si bien le malheur en s'enivrant d'une rousse :
Que la vie leur accorde ce qu'ils désirent, rien de
    plus.

2

D'avoir délaissé la prière ma femme me blâme.
Je lui dis : « Que je ne te voie plus, tu es répudiée ! »
Pourquoi prierais-je ? Où sont ma maison,
Mes chevaux, mes bijoux et mes biens ?
Où sont mes esclaves aux visages de lune
Et mes belles courtisanes ? Prierais-je d'avoir tout
    perdu ?
Si j'honorais la religion, je ferais preuve d'hypocrisie.

Ibn Lankak

Tout le monde médit du temps
Mais c'est en nous qu'est l'imperfection.
S'il lui était loisible de s'exprimer, le temps nous
    aurait injuriés.
Sous des formes humaines, nous sommes des loups
    déguisés.
Gloire à Celui qui nous a ainsi créés !
À la chair de son congénère le loup ne goûte guère
Tandis qu'en public l'homme dévore son compère.

Ash-Sharîf ar-Raḍî

1

Mon regard se détourna, mais lorsque disparurent
Les vestiges des demeures, mon cœur se retourna

2

Je rapiéçai la nuit telle une robe de jeunesse
Avec une aurore semblable aux prémices de la
   vieillesse.
C'est comme si le ciel du jour devenait l'eau trouble
Du torrent de la nuit et que les étoiles étaient des
   bulles.

3

Le matin, comme une proie traquée, je déjoue les
   pièges
Et la nuit, je marche semblable à une ombre dans
   l'obscurité.

Ibn Bâbik

1

Comme si la mort éprouvait de la compassion pour
  le noyé,
Elle adoucit la surface de l'eau.
Mon cœur ne se résout pas à l'oublier,
C'est dans l'eau bue que sa mort fut décidée.

2

Cessez de blâmer mon indigence !
À celui qui la regarde la lune n'offre-t-elle pas sa
  nudité ?
Je n'ai point de défaut excepté
D'être insensible bien que je saigne davantage que
  ma poésie.

3

Jouis même du désespoir. Il est ce pavillon
Planté sur l'âme où qu'elle soit.

Mihyâr ad-Daylamî

1

Depuis ton départ je voudrais de toute mon âme
Que tout homme fût en exil dans son pays lui-même.

2

Abandonnant toute cupidité, j'ai maîtrisé mon âme.
Si l'espoir est esclave, libre est le désespoir.

3

À force d'errer on retrouve son chemin.

4

Ne sois pas leurré par la douceur d'une parole.
Ne vois-tu pas comment coule l'eau entre des pierres
    sourdes ?
Fraie ton chemin dans l'allégresse et trahis la fidé-
    lité,
La fidélité est la monture du chagrin.

5

Chaque fois que le temps s'avéra cruel,
Je falsifiais les faits et remerciais le temps
Jusqu'à tuer mon propre cœur,
Ma poitrine devint son tombeau, et mon corps son
    linceul.

Abû al-'Alâ' al-Ma'arrî

1

Les nobles sont des étrangers dans leur propre patrie,
Proches et amis s'en écartent.
Jamais pour le plaisir ils ne s'abreuvent de vin,
Ni ne mettent en captivité de belles femmes.
Y a-t-il pour l'homme rien de plus avilissant
Que de mourir privé de subsistance, fût-elle un don?
Je demeure affligé par l'affaiblissement du feu de la
    jeunesse,
Même si l'on me dresse une tente parmi les étoiles.
D'avoir connu les hommes, je m'en suis éloigné,
J'ai renoncé à être autre chose que poussière.

2

Fils du temps, patience si je blâme vos actes!
Par moi-même c'est certain je vais commencer,
Le corps et l'âme pour un moment furent proches
Mais elle n'a cessé d'être par lui altérée et pervertie.

3

Nous fuyons une coupe qui nous poursuit
Comme si nous étions des amants de la mort.

4

La jeunesse est une flamme, hâte-toi de satisfaire
Tes désirs car le temps l'éteint.

5

Dissimulées restent la lumière et la clarté.
Notre religion n'est-elle en fait qu'hypocrisie?
Que de prêcheurs ont parmi nous prêché
Et que de prophètes sur cette terre se sont dressés!
Ils sont tous partis, mais le mal ne nous a pas quittés.

6

Mon séjour s'éternisa sur cette terre
Et mes membres aspirent à être ensevelis au désert,
Leur torpeur n'est pas engendrée par le vin
Mais par les épreuves de la vie.

7

Patience! Malgré ta liberté tu fus dupé
Par un homme rusé qui prêche la bonne parole pour
    les femmes.
Dans la journée, il vous interdit le vin
Mais s'empresse de s'enivrer dès la tombée de la nuit.
«Je suis sans vêtements», dit-il,
Or, c'est pour le plaisir de la rousse qu'il a hypothéqué
    ses habits.
L'homme est deux fois pécheur s'il continue
À accomplir ce que lui-même interdit.

8

Les gens aspirent à l'arrivée d'un imam éloquent
Prêchant dans le tintamarre d'une foule médusée.

Quelle chimère ! Nul besoin d'imam hormis la raison,
Les confessions n'ont pour dessein
Que de remettre la terre aux mains des puissants.
Tant que tu le peux, demeure seul,
L'homme sincère est un fardeau pour les humains.

9

Que de tristesse d'une sueur qui retombe
Et d'une âme qui aspire à s'élever !
Mon habit a besoin d'être lavé,
Que mon cœur lui ressemble en pureté !

10

Dieu prédestina l'homme à l'affliction
Jusqu'à ce que les mortels s'écrient : « C'est la fin ! »
Félicite les proches du mort le jour de son départ,
Ils ont l'héritage et lui le repos.

11

Mon sommeil est une mort dont la résurrection est
    proche
Tandis que ma mort est un sommeil éternel.
M'indiffère qu'après ma mort
On médise de moi ou qu'on me loue.
Un mort est-il de son tombeau revenu
Afin de nous dire ce qu'il a entendu ou vu ?
Et s'il revenait, certaines gens le croiraient
Et d'autres diraient : « Il ment et se vante. »

12

Tu blâmes la vie bien qu'elle ne soit pas fautive,
Tu es partial, tisseur de facéties,
Suppose qu'elle soit une jeune fille, quel serait son
    péché

Face à un amant par sa passion tourmenté ?
Ils prétendent que ces âmes sont sempiternelles,
En réalité elles se transportent dans les corps afin de
    se purifier,
Entre les corps elles migrent, le bienheureux s'enor-
    gueillit
De ce qu'il réalise et le malheureux est proscrit.
Si les sens pouvaient chez les morts rester vivants
La mort dans la bouche serait d'une exquise dou-
    ceur.

13

Il se peut que ceux qui effraient les mortels par leurs
    prêches
Ressemblent à ceux qui offrent la joie dans les tavernes.
Celui qui se détourne d'un dévot s'adonnant
Par ruse à un culte est plus proche du divin.
Il se peut que l'on moule de sa glaise un vase,
S'en sert quiconque désire boire et manger,
D'une terre à l'autre, sans qu'il le sache, il est trans-
    féré.
Malheur à lui ! Après l'usure du temps, il se trouve
    exilé.

14

Que la terre nous ressemble ! Ne cessant d'exiger sa
    nourriture,
Elle s'abreuve des mortels et s'en rassasie.

15

Un bâton dans la main d'un aveugle
Est plus dévoué que quiconque parmi les humains.
Délaisse les fils d'Ève et ne cesse pas de t'en éloigner,
Ils ont élu pour chemin la trahison et non l'amour.

16

Un vaste lac est ma vie, mes souffles sont des gor-
  gées
Qui le laisseront à sec à l'instar de ce qu'elle était.

17

Ô corps de l'homme, que t'arrive-t-il ?
N'étais-tu pas fait d'un élément pur ?
Comme la pluie tu seras certainement purifié
Lorsque tu retourneras à ton origine.

18

Mon travail est semblable à l'aile d'un corbeau
Ou à l'opacité de la nuit :
Si jamais un scribe voulait le transcrire,
Il noircirait le matin avec son écriture.

19

Mon corps est un amas de souillure, je ne suis
Pas heureux si l'on ne m'enduit pas de paroles par-
  fumées.
Dieu a pétri l'homme d'ordure,
Il ne doit point dire : « Je me suis sali. »

20

Les lois de la religion ont semé parmi nous la haine
Et nous ont transmis l'art de la rancune.
La licence des femmes aurait-elle été permise
S'il n'y avait eu les lois des prophètes ?

21

Avec des mets raffinés la terre nous a nourris
Puis elle s'est de nous nourrie. Elle est impartiale,
Elle s'alimente de tous ceux qu'elle porte
Et elle demeure insatiable.

22

Mon habit est un linceul, ma maison est ma tombe,
Ma vie est ma mort et la mort une résurrection.

23

Le jour et la nuit se succèdent et je reste comme si
Je cherchais à m'attacher par un fil mensonger,
Il me semble que mon temps dans son existence et
    son néant
Est un enfant qui joue avec la poussière.

24

Ne me questionnez pas sur ce qui vient de la terre.
Je me vois cloîtré dans trois prisons :
La perte de ma vue, ma séquestration dans ma
    maison
Et l'âme qui habite un corps corrompu.

25

Ô mon ami ! À un cadavre ressemble le monde d'ici-
    bas
Et nous y sommes des chiens qui aboient.
Vaincu est celui qui sans cesse s'en nourrit,
Vainqueur est celui qui s'en détourne affamé.

26

Laides sont les paroles de mon ami
Mais encore plus hideux est ce que dissimule son
cœur.

27

S'il est vrai que le trépassé dans sa tombe subit la
torture
Alors épargnez-moi tombeau et linceul,
Les vautours et les animaux sauvages méritent davan-
tage
De me disputer. Abandonnez-moi gisant à même le
sol.

28

Tel un oiseau dans sa cage, l'âme
Souhaite par la mort se libérer.

29

Boutique pour les morts est la religion,
Aussi la vois-tu stérile pour les vivants.

30

La terre est mon aïeule, les heures sont mes mon-
tures,
Ma vie est une marche et la mort repos du corps,
L'œil est habité d'insomnie et mon être d'angoisse,
Mon cœur s'emplit d'espoir et l'âme d'envie.

31

La nourriture du riche ne diffère pas de celle de l'in-
fortuné
Lorsqu'elle est dans le ventre engloutie.

32

Le bien et le mal sont indissolublement mêlés,
N'en est-il pas ainsi du miel et de la coloquinte?

33

Dans la poussière, l'homme devient poussiéreux. Il
    est ainsi dédoublé
Comme s'il était devenu poussière de la poussière.

34

Si sa vie durant Gabriel avait survolé le temps,
Du temps il n'aurait pu se départir.
S'il est vrai que les orbites des planètes comme on le
    prétend
Sont gagnés par l'usure, le pur deviendrait synonyme
    de l'impur.

34

Ce que l'homme atteint par sa pensée
Est le point ultime de ce qu'il peut atteindre.

35

Le plus haïssable des ennemis du fils d'Adam
Est sa progéniture sortie de ses entrailles.

36

Inutiles dans ma croyance et ma confession,
Les gémissements des pleureuses ou la mélodie d'un
    chant.
La voix de celui qui annonce la mort ne diffère guère
De celle qui apporte la bonne nouvelle parmi les gens.
Ami! Voici nos tombes emplissant l'espace,

Où donc sont les tombes depuis les temps de 'Âd[1]?
Que ton pas se fasse léger : la peau de la terre
N'est pas faite d'autre chose que de ces corps,
Il n'est pas digne d'humilier nos pères, nos ancêtres,
Même si leur époque est révolue.
Marche si tu peux avec une aérienne légèreté
Et non avec orgueil sur les dépouilles des mortels.
Le linceul fut maintes fois utilisé,
Riant de rassembler les contraires,
Ainsi la personne ensevelie le fut sur les restes d'une
    autre,
Depuis des temps et des éternités.
Harassante est la vie, je reste déconcerté
Devant le désir des uns de la voir prolongée davan-
    tage.
L'affliction à l'heure de la mort
Vaut les mille joies d'une naissance,
Le couchant de la mort est un sommeil
Pour le corps et la vie ressemble à une longue
    insomnie.

37

Il est une nuit semblable au matin dans sa splendeur
Même si d'un burnous elle s'est vêtue.
Lorsque l'étoile se fixa, inquiète,
Que de fois nous avons désiré louer cette époque
Mais par rancune contre le temps nous en étions
    empêchés
Comme si je n'avais pas dit alors que la lunaison
Était à son commencement et l'obscurité régnait :
Fiancée noire est ma nuit,
Un collier de perles ceignant son cou,

1. Allusion à un peuple mentionné dans le Coran (Cor.
89 : 6).

Le sommeil en elle déserta mes paupières
Comme la quiétude déserte le cœur du poltron,
Comme si le croissant de lune désirait les Pléiades
Mais ils s'étreignent en guise d'adieu.

III. PÉRIODE POST-ABBASSIDE

Ibn ʿAbî Huṣayna

De ta présence fleurit chaque parcelle de la terre
Au point que les feuilles surgissent de la pierre.

Ibn Zaydûn

1

Ô pluie ! Visite de bon matin son palais et arrose
Celle dont la pureté de l'amour nous abreuvait.

2

Un étranger en Extrême-Orient remercie le souffle
    de l'Est
D'apporter son salut à l'Occident.
Quel mal y a-t-il à ce que le souffle de l'Est porte
Un souffle embrasé qu'un corps au cœur dédie ?

3

Concubins vous êtes : toi et le soleil
Mais au crépuscule tu as l'avantage du levant.

4

J'ignorais lorsque je t'ai faite reine de mon cœur
Que je cherchais moi-même ma propre mort.
Puisses-tu vivre ! Le désir après la séparation
M'anéantit. L'union pourrait-elle me ressusciter ?

5

Bien que les temps soient durs
Il se peut que l'eau jaillisse du roc.
Si je me trouve en réclusion
La pluie elle-même peut être emprisonnée.

Ibn Rashîq al-Qayrawânî

1

Que ferais-je d'une boisson si dans ma bouche
Elle n'est mêlée à la salive d'une belle ?
Mélange qui surpasse en pureté
L'eau cristalline de la pluie,
Désirable lorsqu'elle circule dans le corps
Et son plaisir reste éloquent dans le cœur.

2

Tu m'ordonnas de voguer en mer
Mais à ton ordre je désobéis :
Tu n'es point Noé dont l'arche me sauverait
Et je ne suis pas Jésus pour marcher sur les eaux.

3

Je questionnais la terre : pourquoi est-elle un lieu de
    prière
Et pourquoi offre-t-elle parfum et purification ?
Sans passer par les mots elle répondit : « Car pour
Chaque être j'ai étreint un amant. »

4

Pourquoi cette pâleur et cette maigreur? demanda-
    t-elle.
En amoureux éperdu je répondis :
«Ton amour est venu à moi. Il est l'hôte que je
    chéris,
Je lui offris à boire mon sang et mon corps à man-
    ger.»

Şarra Durr

1

Je m'épris d'une belle couleur d'ébène
La noirceur de mon cœur est l'une de ses qualités.
La pleine lune ne disparaît que pour l'imiter
Et pour elle le temps n'est daté que par les nuits.

2

Les demeures s'effacent si les gens s'éloignent
D'elles et le pays se défait.

3

Deux contraires partagent un même corps
Et le choisissent pour demeure :
Des larmes qui coulent, ruisselantes, des yeux
Et un feu dans le cœur jetant des étincelles.
Je ressemble à l'un de ces nuages qui circulent
Portant en eux eau et feu.

4

Un séjour en enfer est plus digne qu'un départ
Qui s'achève par une souillure.
La fuite devant Iblîs était fuite

Devant l'avilissement inscrit au cœur de l'homme.
Vais-je rivaliser avec des gens
Triomphant par la force de l'épée et le gourdin?
Pour eux l'ultime savoir et l'extrême générosité
Se résument à la splendeur des montures et des
  habits.
C'est une habitude ancrée dans notre époque
Que les queues soient sur les têtes implantées.
Pour la réussite je possède toutes les qualités
Mais que faire d'une telle malchance?

5

J'ai essoré les visages de beaucoup d'hommes
Pourtant je n'ai pu recueillir une seule goutte.

6

Si la vie elle-même est un mal
Du remède nous ne cesserons de manquer.

7

La vie est une maison à deux portes
Par celle-ci nous sortons et par celle-là nous entrons
Notre commencement ressemble à notre fin,
Pourquoi s'étonner alors de celle-ci?

8

Dans le désert, laisse libres tes montures
Et délaisse les belles dans les tours des châteaux.
Ceux qui ne quittent jamais leur patrie
Ressemblent aux habitants des tombeaux.

Ibn Sinân al-Khafâjî

1

Je ne pleure pas la fin de ma jeunesse
Mais la perte d'une part de ma vie.
Je ne suis pas effrayé par les cheveux blancs,
Des soucis m'avaient déjà envahi.
Je n'étais guère l'ami de la vieillesse,
Elle se montra fidèle alors que les amis ont trahi.

2

Éclairant ses cheveux la vieillesse obscurcit ses jours
Ainsi j'ai connu la noirceur blanche.

Muḥammad ibn 'Ammâr al-Andalusî

Blessé par les pointes saillantes des pierres[1]
Dans son ruissellement, il se plaint de ses douleurs.

1. Le ruisseau.

Aṭ-Ṭugharâ'î

Ô vent je te conjure ! Si tu parviens
À toucher ses tempes, cache-toi en ses cheveux.
À l'aube, rends visite à une source dans sa bouche
Mais épargne ses joues car tu serais démasqué
Par le parfum du musc dans tes allées et venues,
Et si tu peux défaire ses cheveux
Fais-le selon tes désirs et ta volonté.
Hâtivement faufile-toi entre ses habits,
Ravis-lui son parfum et hâte-toi de revenir,
Furtivement fais-moi signe et répands-le autour de
     moi
En une nuit incertaine de l'arrivée du matin.

Ibn al-Khayyâṭ

1

Si mes larmes me trahissaient
Je pleurerais avec les larmes éloquentes de la poésie.

2

Devant l'aridité de la terre, de compassion il pleura[1]
Et se répandit embrasé de désir pour elle.
Puissamment il se projeta tel un amant,
Laissant ruisseler ses larmes, il lui dévoila ses secrets.

1. Le « il » désigne *al-maṭar* (terme masculin qui signifie la pluie). Le poète parle de la rencontre entre la pluie et la terre.

Al-Adîb al-Ghuzzî

1

Je me plains des malheurs que je ne puis nommer
De crainte d'incriminer les gens ou de les blâmer,
Comme la bougie dont les larmes coulent sans qu'elle
le sache :
Pleure-t-elle d'avoir quitté le miel ou la compagnie
du feu ?

2

L'espoir est semblable au rayon du soleil,
Nous en voyons le fil mais le toucher l'interrompt.

3

Dans ses yeux le charme sourit.
Lorsque les gens pleurent d'amour pour lui
Il offre sa joue comme une coupe
Où s'unissent l'eau et le feu.

Ibn Ḥamdîs

1

Il est une bougie dressée
Comme une lance faite de flammes :
Lorsqu'elle embrase ses entrailles
Ses yeux coulent en larmes d'or,
Sa lumière circule la nuit
Comme la joie dans la colère.

2

Je suis devenu un secret dans l'opacité de la nuit,
Voile sur les profondeurs cachées du cœur,
Dis à l'obscurité qui s'éternisa
Qu'en elle mes yeux ont vu l'inouï.

3

Femme ! Ne me questionne pas au sujet de mes
    larmes,
Mon œil qui te regarde est jaloux de l'œil qui te voit.

4

L'insouciant devint fou lorsque j'ai dépeint ta beauté
Comme si l'ouïe avait la vision de l'œil.

5

Que de maximes les peuples ont inventées !
Mais supérieure est la lumière des sens.

Ẓâfir al-Ḥaddâd

1

L'excuse de l'amoureux est d'avoir
Le feu dans le cœur et un déluge entre les paupières.

2

Ainsi va la vie ! Ne t'afflige guère
De la médisance des vivants et de leur déraison.
Afin de te rassasier tu demandes une charogne,
Comment peux-tu refuser que les chiens te disputent
   les os ?

Ibn az-Zaqqâq

1

Je n'ai aimé le soleil
Loin du monde
Que pour devenir par amour pour elle
Une exception dans le monde.

2

Si tu souffres que mon regard t'atteigne,
Comment acceptes-tu mes entrailles comme de-
   meure ?

3

Si je pouvais psalmodier ta grandeur,
De mes doigts je taillerais un roseau,
Encre serait la noirceur de mes yeux.

Ibn Khafâja al-Andalusî

1

Je la visitai à l'aube. La nuée était une parcelle
   d'ambre
Enflammée et l'éclair un jaillissement de feu,
Le vent frappait les hanches des collines
Et embrassait les lèvres des fleurs.

2

Un autre que moi s'enorgueillit de la bonne compa-
   gnie
Et se vante de l'échanson et de ce qu'il a bu
Mais mon semblable demeure seul
Avec lui-même dans une quête de lui-même.

3

Où qu'elle soit, son visage dévoile
La ka'ba[1] de la splendeur,
J'ai pour elle un regard païen
Qui adore le feu de ses joues.

---

1. La pierre noire de La Mecque.

4

Sincère est ton amour, mais je m'étonne
De l'éloignement qui est notre destin.
Comme si nous étions sur orbite, en rotation,
Tu t'éclipses dès que j'apparais.

Abû Bakr ibn Baqî

Je l'éloignai d'une poitrine qui le désire ardemment
Afin qu'il ne s'assoupisse sur un oreiller palpitant.

Mujbir aṣ-Ṣiqillî

Un poème errant effraya mon sommeil,
J'ai passé la nuit à me promener dans ses vers.

Ibn Qasîm al-Ḥamawî

Mon ultime désir est que je devienne un libertin
Prosterné devant la *qibla*[1] de la coupe
Afin de psalmodier les sept redoublées[2]
Et que mon temps ignore
De tout temps mon lieu, ma demeure.

1. La *qibla* désigne le côté vers lequel les musulmans se
tournent au moment de la prière.
2. La sourate liminaire du Coran.

Muḥammad ibn ʿAlî al-Hâshimî

Cette époque est plongée dans la confusion
Comme si en elle persistait l'ivresse de l'amoureux.
À contempler certaines créatures,
Tu peux douter de la sagesse du Seigneur.

Al-Arrajânî

1

Prêtresse amoureuse est la larme de mon œil,
Comme un oracle, sa parole ne peut être mise en
  doute.
Rien de ce que je dissimule de ton amour
Ne peut échapper à son regard.

2

Aux yeux de ceux qui la voient elle est mirage[1]
Telle une vapeur dans l'espace
Lorsque la lumière de l'Orient l'atteint
Tu crains qu'elle ne se mêle à la poussière.

3

Sur lui je ferme les yeux lorsqu'il me rend visite
Tel un piège se refermant sur une gazelle.

1. La tente.

Al-Adîb al-Qaysarânî

1

Le charme d'une Franque m'a ravi.
D'elle émane une brise parfumée,
Sa robe étreint une branche douce
Et une lune luisante ceint sa couronne.
Si dans son œil règne le bleu,
Bleue est la pointe des flèches.

2

Chaque femme est prosternée devant son image,
Mais si les images étaient impartiales, elles se seraient
    devant elle agenouillées.
Dans ses joues la pudeur a planté
Des roses dont les rameaux sont par le regard arrosés,
Ses paupières ont tenu un tel langage
Que ses yeux pourraient répondre à tes questions.

3

Je n'ai point de rival excepté mon œil,
Trouverai-je un arbitre entre lui et moi ?

Ṭalâi' ibn Razzayk

Le *Shâm*[1] est par ses gens haï,
L'homme raisonnable ne peut y habiter.
Les guerres cessent un moment
Pour que reprennent malheurs et tourments.
Je vois l'éclair de ses malheurs se réjouir
Tandis que l'horizon est lourd de nuages.
Si grâce à lui fondent les nuées,
Pourquoi les pierres ignorent-elles pareille destinée?
Est-ce pour punir une faute que le destin assaille la
    terre?
Comme les humains, commet-elle des péchés?

1. Damas et ses environs.

Ibn Qulâqis

Regarde sur le Nil le soleil couchant :
Merveilleuse est la pourpre crépusculaire.
Le soleil disparaissant laisse un rayon
Comme si dans sa noyade l'eau le brûlait.
Il regarde le croissant de lune : vient-il pour le
   sauver ?
Une barque en papier.

Ḥammâd al-Kharrâṭ

Avec ses larmes il a parlé
Mais tu n'as pas entendu,
Il a exprimé par l'eau de ses yeux
Le feu qui l'embrasait,
Il craint que le jour de la séparation ne dévoile
Le secret soigneusement gardé.

'Urqula al-Kalbî

1

L'automne vieillit. Et les tourments
T'éloignent de la splendeur des jours et des saisons.
Ambrées sont ses feuilles et notre vin est aussi
Doré que le soleil est flamboyant,
Je le bois si quelqu'un me l'offre,
Or sur or sans or.

2

Jardin de roses est la pourpre des joues de la bien-
    aimée,
La chevelure en est la haie.

Al-Bûṣirî

1

Comment désobéir à l'amour quand l'argile de mon
  cœur
Fut pétri d'amour avant même Adam?

2

Ils dépeignent tes attributs comme l'eau réfléchit les
  étoiles[1].
Tu es le lustre de toute grâce et de ta lumière émane
  toute lumière.
Tu as le savoir de l'invisible et Adam, les noms.
Malheur à un peuple qui a délaissé un prophète
Sur une terre que les lézards et les gazelles ont
  choisie,
Ils l'oublièrent alors que l'arbre était nostalgique,
Ils l'ont haï alors que les étrangers l'ont chéri,
Malgré la proximité, il disparut.
L'excès de visibilité est occultation.

1. Le poète fait l'éloge du prophète de l'islam.

Ṣafî ad-Dîn al-Ḥillî

1

Circulant, je crois la terre mienne
Et les vastes horizons sont à ma portée.
Si en un lieu je m'établis, ses gens deviennent ma
  famille.
Où que je sois, le pays est mon pays.

2

Il m'arrive de m'égarer, mais bien que je haïsse l'éga-
  rement
Je refuse de dire : « Où est le chemin ? »
Par orgueil je refuse de m'adresser à un guide
De crainte que ma bouche ne laisse échapper la
  question.

Ibn Nubâta

1

Au Seigneur je me plains de ce que j'endure :
Extrême indigence et avilissement.
Humiliation et nudité m'ont privé
De toute chaleur hormis celle de ma langue.

2

Sa rudesse excède la cruauté des montagnes. Elle reste
    sourde
À tous mes appels lorsque répondent les échos.

Al-Bûrînî

Je fus épris d'un charme que je ne peux décrire
Car seul mon cœur l'a goûté.

Ibn al-Jazarî

Ne soyez pas surpris si mes larmes deviennent sang
Et s'embrase le feu de mes douleurs.
De ceux qui pleurent sur les autres, je ne suis point,
C'est sur mon âme que je pleure.

Yûsuf ibn ʿUmrân al-Ḥalabî

Dans leur chute, les fleurs du jardin
Comme des lèvres embrassent les pieds des amants.

Ibn an-Naḥḥâs

1

Je suis l'étranger. S'il mourait dans un pays,
Seules ses larmes ruisselantes feraient son élégie.
S'il pleurait, ses larmes inscriraient sur la terre :
« L'amour ne s'achève qu'avec l'éternité. »
La terre, de mes os vieillissants, se rafraîchit
Et le chagrin sur elle ne cesse de croître.

2

Les pleurs sont la parure des amants :
Quelle grâce aurait la nuée si elle ne pleuvait?
Malgré mes faibles moyens, je m'évertue à soigner ce
    cœur.
Chaque fois que je panse une blessure, saigne une
    autre blessure.
Ils ont embelli la parole en disant « exil »
Mais pour les hommes libres, meurtre est l'exil.

Aḥmad ibn Shâhîn ad-Dimashqî

1

Je suis las, je le jure, de la maison.
Je rêve de la voir vide, désertée.
Chaque jour apparaissent maintes fissures,
Celle de la lampe à huile fut la dernière.

2

Il m'est loisible d'éloigner au plus loin de moi la
   main de l'amour
Et de désobéir à mes yeux qui aspirent aux pleurs.
Cependant lorsque ma patience est épuisée,
L'amour se moque de moi et mes yeux me pleurent.

Munjuk ad-Dimashqî

1

La tristesse m'enveloppe comme si j'étais
Le secret de l'amour et comme si elle était mon être.

2

La coupe s'est enivrée lorsque tes yeux m'ont ensor-
    celé,
Le vin devient plus sobre que moi désormais.

3

Rose sa joue, et violettes sont les tempes
Qu'elle offre à mon regard, marguerite est sa bouche
Comme si les soupirs venant d'elle étaient une brise,
Branches nous devenons lorsqu'elle chante.

4

Poésie comme les fruits d'un jardin :
Les devanciers épris de perfection les ont déjà cueillis,
Les successeurs n'atteignent jamais que les restes
Qu'ils enveloppent des feuilles de l'imagination.
Si la pensée tendait la main vers les significations
Elle resterait suspendue à l'impossible.

NOTICES BIOGRAPHIQUES

I. *Périodes préislamique et omayyade*

La période préislamique concerne la situation de l'Arabie avant l'avènement de l'islam. Le premier poète préislamique connu est mort en 525 apr. J.-C.

Les Omayyades forment la première dynastie califienne de l'histoire de l'islam, dont la capitale est Damas. La période omayyade s'étend de 660 à 749 apr. J.-C.

IMRU'U AL-QAYS. Poète préislamique. Son nom fut : Ḥandaj. On le surnomma : «Le roi errant». Il mourut probablement en l'an 542 apr. J.-C.

ABÛ DU'ÂD AL-IYYÂDÎ. Son prénom est Jâriyya. Il mourut probablement vers 550.

ṬARAFA IBN AL-ʿABD. Poète préislamique. Il était orphelin et mena une vie de plaisirs. Il fut démembré et enterré vivant à l'âge de vingt-six ans. Aussi fut-il surnommé «le jeune assassiné». Il mourut probablement en 564.

ʿANTARA AL-ʿABSÎ. Il était connu pour sa bravoure et son amour pour sa cousine ʿAbla. Il fréquenta dans sa jeunesse Imru'u al-Qays et mourut vers 600.

QISS IBN SÂʿIDA AL-IYYÂDÎ. Il fut le prêtre de Najrân. Considéré comme le plus grand sage des Arabes. Réputé pour ses discours. Mort vers 600.

AL-MUTANAKHKHAL AL-HUDALÎ. Son prénom est Mâlik. Il vécut au VIᵉ siècle de l'ère chrétienne.

ZUHAYR IBN ABÎ SULMÂ. Mort probablement vers 609.

AL-ḤUṢAYN IBN AL-ḤAMÂM AL-MURRÎ. Il faisait partie des notables arabes. Mort vers 612.

'URWA IBN AL-WARD AL-'ABSÎ. Il faisait partie des poètes-brigands. Il mourut assassiné lors de ses conquêtes vers 594 ou 616.

AWS IBN ḤIJR. Mort vers 620.

MANṢÛR IBN SUḤAYM AL-ASADÎ. Mort vers 620.

'AMRÛ IBN QIN'ÂS AL-MURÂDÎ. On dit également 'Amrû ibn Qui'âs. Il mourut avant l'avènement de l'islam.

AL-A'SHÂ AL-KABÎR. Son nom est Maymûn. Il sillonna la péninsule de l'Arabie pour louer les rois et les notables. Il mourut vers 629, an 7 de l'Hégire.

JIRÂN AL-'ÛD AN-NUMAYRÎ. Al-Mustawrid est son prénom (ou 'Âmir). Mort en 630/8 H.

'AMRÛ IBN BURÂQA AL-HAMADÂNÎ. Il faisait partie des poètes-brigands. Mort en 632/11 H.

AL-KHANSÂ'. Son prénom est Tamâḍur. Al-Khansâ' est un surnom qu'on lui a donné à cause de la beauté de ses yeux. Elle mourut en 645/24 H.

TAMÎM IBN MUQBIL. Il était borgne et épousa sa belle-mère après la mort de son père. Il se convertit à l'islam mais se sentait étranger au sein de la nouvelle religion. Il garda une grande nostalgie pour la période préislamique et mourut en 646/25 H.

ABÛ DHU'AYB AL-HUDALÎ. Son prénom est Khuwaylid. Il partit en Afrique lors d'une conquête et mourut en Égypte vers 648/27 H.

ABÛ MIḤJAN ATH-THAQAFÎ. Son nom est 'Amrû et l'on dit : Ḥabîb ibn 'Amrû. Réputé pour son libertinage, il fut emprisonné pour sa consommation du vin. Mort en 650/30 H.

SUHAYM ʿABD BANÎ AL-ḤASḤÂS. Il était esclave noir et fut assassiné vers 660/40 H parce qu'il courtisait les femmes de la tribu.

AN-NAJÂSHÎ. Qays est son prénom. Connu pour ses pamphlets. Le calife ʿUmar le menaça de lui couper la langue. Il fut accusé d'athéisme et de débauche. Mort vers 650/40 H.

LABÎD IBN RABÎʿA AL-ʿÂMIRÎ. Poète, chevalier. Mort vers 661/41 H.

IBN ARṬAʾA. ʿAbd ar-Raḥmân ibn Sayḥân, connu pour sa vie de débauche. Mort vers 670/50 H.

HUDBA IBN KHASHRAM. Fut emprisonné et tué par vengeance vers 670/50 H.

ḤASSÂN IBN THÂBIT AL-ANṢÂRÎ. Mort vers 674/54 H.

KAʿB IBN JUʿAYL ATH-THAGHLABÎ. Mort vers 675/55 H.

ʿAMRÛ IBN AL-AHTAM. Fut réputé pour sa beauté et sa noblesse. Il mourut en l'an 677/57 H.

AL-ḤUṬAYʾA. Son prénom est Jarwal. De père inconnu, il insulta sa mère et la rejeta car elle refusait de l'informer au sujet de sa filiation. Il fut connu pour son avarice et son ironie. Mort vers 680/59 H.

SUWAYD IBN ABÎ KÂHIL AL-YASHKURÎ. Mort vers 680/60 H.

MÂLIK IBN AR-RAYB AL-MÂZINÎ. C'était un grand chevalier. Il insulta dans ses poèmes al-Ḥajjâj, le gouverneur de la dynastie Omayyade. Il fut mordu par un serpent et mourut vers 680/60 H.

ABÛ ZUBAYD AṬ-ṬÂʾÎ. Son prénom est al-Mundhir ou Ḥarmala. Il ne se convertit pas à l'islam. Mort vers 682/62 H.

ABÛ DAHBAL AL-JUMAḤÎ. Son prénom est Wahb. Réputé

pour sa beauté et son amour pour une femme nommée
'Amra. Il mourut vers 682/63 H.

QAYS IBN DHARÎḤ. Connu pour son amour pour Lubnâ qui
était son épouse et qu'il répudia sous la pression de ses
parents. Il passa le restant de ses jours à la pleurer. Il ne
survécut que trois jours à sa mort. Il mourut vers
688/68 H.

AL-MAJNÛN. Son prénom est Qays. Connu pour son amour
pour Laylâ jusqu'à la folie. Il erra vers la fin de sa courte
vie. On le découvrit mort vers 688/68 H.

YAZÎD IBN MUFRIGH AL-ḤIMYARÎ. Fut emprisonné sur
l'ordre de 'Ubayd Allâh ibn Ziâd. Il écrivait ses poèmes
sur les murs de sa cellule et on le forçait à les effacer
avec ses ongles. Lorsque ces derniers furent complète-
ment abîmés, il commença à effacer ses poèmes avec ses
os et son sang. Mort vers 688/29 H.

AL-QATTÂL AL-KILÂBÎ. Son prénom est 'Abd Allâh. Il faisait
partie des rebelles. Il vivait à la campagne et mourut en
695/75 H.

AL-UQAYSHIR AL-ASADÎ. Se nomme al-Mughîra. Il était dévoyé
et s'adonnait à la boisson. Il corrompait les autorités
pour échapper à la prison. Mort en 700/80 H.

LAYLÂ AL-AKHÎLIYYA. Morte vers 700/80 H.

MAYSÛN BINT BAḤDAL AL-KALBIYYA. Elle était la femme de
Mu'âwiyya et la mère de Yazîd. Réputée pour son intelli-
gence et son ascétisme, elle est restée malgré la royauté
fidèle à la campagne, à son style et à son esprit. Elle
mourut vers 700/80 H.

'ABD AR-RAḤMÂN IBN ḤASSÂN. Il courtisa la fille de Mu'âwiyya.
Sa date de mort n'est pas connue.

JAMÎL BUTHAYNA. Connu pour son amour *'udhrite* (chaste
ou courtois) pour Buthayna. Mort en 701/82 H.

A'SHÂ HAMADÂN. Son prénom est 'Abd ar-Raḥmân. Il était
théologien et fut emprisonné lors d'une des conquêtes

au Daylam. La fille du prince persan tomba amoureuse de lui, le délivra et s'enfuit avec lui. Il fut assassiné par al-Ḥajjâj vers 702/83 H.

ʿUBAYD ALLÂH IBN QAYS AR-RUQAYYÂT. Mort vers 704/85 H.

AL-AKHṬAL. Son prénom est Ghayyât. Le calife ʿAbd al-Malik ibn Marwân le surnomma « le poète des Omayyades ». Il disait que le vin était source d'inspiration poétique. Parmi ses paroles : « Le plus grand des poètes est al-A'shâ et moi ensuite. » Né vers 640/19 H, il est mort en 708/90 H.

MISKÎN AD-DÂRIMÎ. Du prénom de Rabîʿa. Mort vers 708/89 H.

DHÛ AL-KHIRAQ AṬ-ṬAHAWÎ. Du prénom de Jundul ou Khalîfa. Il faisait partie des poètes chevaliers. Mort vers 708/89 H.

ʿABD ALLÂH IBN AL-ḤASHRAJ AL-JAʿDÎ. Réputé pour sa grande générosité. Il répudia sa femme car elle lui faisait le reproche d'être trop généreux. Mort vers 709/90 H.

ʿABD ALLÂH IBN AL-ḤAJJÂJ ATH-THAʿLABÎ. Fait partie des poètes-brigands. Mort vers 708-90 H.

WAḌḌÂḤ AL-YAMAN. Son prénom est ʿAbd-Raḥmân. Surnommé Waḍḍâḥ pour sa beauté. On raconte qu'il se voilait le visage par crainte du mauvais œil et des femmes. Il fut connu pour son amour pour une femme nommée Rawḍa qu'il n'a pas épousée. Il fut enterré vivant vers 708/90 H par al-Walîd ibn ʿAbd al-Malik dans un puits car il courtisait sa fille Fâtima.

NUJBA IBN JUNÂDA AL-ʿUDHRÎ. Contemporain de ʿUmar ibn Abî Rabîʿa qui vécut quelques années avant lui.

ʿUMAR IBN ABÎ RABÎʿA. Le premier à avoir consacré sa poésie à l'amour et à la séduction. Né en 644/23 H et mort en 712/93 H.

AṢ-ṢIMA AL-QUSHAYRÎ. Mort vers 714/95 H.

'ADÎ IBN AR-RUQÂ' AL-'ÂMILÎ. Mort vers 714/94 H.

QUTÂDA AL-YASHKURÎ. Mort vers 718/100 H.

KUTHAYYIR 'AZZA. Son amour pour 'Azza est très connu. Il croyait en la métempsycose. Il était fort orgueilleux. Mort en 723/105 H. Le jour de ses funérailles, les femmes étaient plus nombreuses que les hommes.

AL-FARAZDAQ. Son prénom est Humâm. Il mourut vers 728/110 H.

JARÎR. Vécut dans une famille très modeste et mourut vers 733/114 H.

AL-'ARJÎ. 'Abd Allâh est son prénom. Il mena une vie de débauche qui le conduisit en prison où il est resté pendant neuf ans jusqu'à sa mort vers 738/120 H.

MUZÂHIM AL-'AQÎLÎ. Vécut à la campagne. Mort vers 738/120 H.

AN-NÂBIGHA ASH-SHAYBÂNÎ. Du prénom de 'Abd Allâh. Il fut chrétien et vécut à la campagne. Mort en 743/125 H.

AL-WALÎD IBN YAZÎD. Son califat dura quinze mois. Connu pour son grand libertinage. Mort assassiné. Il fut décapité et sa tête promenée dans les rues de Damas en l'an 744/126 H.

YAZÎD IBN AT-TATHRIYYA. Les femmes étaient séduites par sa beauté. Il aimait une femme nommée Wahshiyya. Il dilapidait l'argent et fut emprisonné pour des dettes impayées. Mort assassiné en 744/126 H.

'URWA IBN UDHAYNA. Fait partie des théologiens. Mort vers 747/130 H.

ABÛ JALDA AL-YASHKURÎ. On raconte qu'il fut assassiné par al-Hajjâj. Sa date de mort est inconnue.

JU'AYYA IBN AN-NADR : Aucune notice biographique.

AL-HAKAM IBN 'AMRÛ AL-BAHRÂNÎ. Sa biographie est inconnue.

UMM ḤAKÎM. Une femme des *Khawârij*[1]. On la disait belle et vaillante et elle refusait le mariage. Elle dit ces vers lors d'une bataille.

ḌÂḤIYYA AL-HILÂLIYYA. Sa biographie est inconnue.

UMM ḌAYGHAM AL-BALAWIYYA. Sa biographie est inconnue.

ʿUBAYD IBN AYYÛB AL-ʿANBARÎ. C'était un voleur très rusé et on autorisa son assassinat. Il s'enfuit alors vers les terres sauvages et le désert. Il disait qu'il était le compagnon des ogres, des loups et des serpents et qu'il se nourrissait de lézards. Sa date de mort n'est pas connue.

ʿAMMÂR IBN MANJÛR AL-QAYNÎ. Sa biographie est inconnue.

ABÛ AN-NASHNÂSHÎ AN-NAHSHALÎ. Il faisait partie des poètes-brigands qui s'attaquaient aux caravanes. Sa date de mort est inconnue.

AʿRÂBIYYA. Une Bédouine. Aucune notice biographique.

II. *Période abbasside*

Les Abbassides constituent la deuxième dynastie califienne de l'islam. La période la plus importante s'étend de 750 à 936 et correspond à l'âge d'or de la civilisation islamique.

ḤAMMÂD ʿAJRAD. Il connut la fin du règne des Omayyades et le début des Abbassides. Mort en 778/161 H.

BASHSHÂR IBN BURD. Il était aveugle et fils d'une esclave. Il grandit à Bassora (Irak). Il fut accusé d'athéisme, de révolte et d'arabophobie. Mort flagellé en 785/165 H.

AL-UḤAYMAR AS-SAʿDÎ. Connut les deux règnes : omayyade et abbasside. C'était un bandit rusé et tyrannique. Il fut renié par sa famille. On raconte qu'il renonça au vol vers la fin de sa vie. Mort vers 787/170 H.

1. Mouvement politique de la première ère musulmane.

AS-SAYYID AL-ḤIMYARÎ. Ismâ'îl ibn Muḥammad. C'était un adepte des Banû Hâshim, il injuriait les compagnons du prophète et ses femmes, ce qui détourna les gens de sa poésie. Mort en 789/173 H.

ABÛ ASH-SHAMAQMAQ. Muḥammad ibn Marwân ibn Muḥammad. On le disait fort laid et injurieux. Mort vers 180 H.

ABÛ ḤAYYA AN-NUMAYRÎ. Son prénom est al-Haytham. Il connut les Omayyades et les Abbassides. Peureux et avare, il avait une épée en bois qu'il appelait « salive de la mort ». Mort vers 800/183 H.

ABÛ NAWWÂS. Son prénom est al-Ḥasan. D'origine persane. Il vécut choyé dans les palais des califes Hârûn ar-Rashîd et ses deux fils al-Ma'mûn et al-Amîn. Il mourut en 813/192 H.

AL-'ABBÂS IBN AL-AḤNAF. Il accompagna le calife Hârûn ar-Rashîd lors de ses conquêtes à Khurâsân (Perse) et en Arménie. Mort en 816/194 H.

MUSLIM IBN AL-WALÎD AL-ANṢÂRÎ. Né en Irak vers 140 H et mort en 208 H.

ABÛ ḤAFṢ ASH-SHATRANJÎ. Son prénom est 'Umar. Il grandit dans le palais du calife abbasside al-Mahdî. Il mourut vers 825/210 H.

ABÛ AL-'ATÂHIYYA. Ismâ'îl ibn al-Qâsim. Il mourut en 826/211 H ou 828/213 H.

ABÛ FIR'AWN AS-SÂSÎ. Mort en 212 H.

'ALÎ IBN JABALA. Poète irakien noir, né aveugle. Il fut assassiné par al-Ma'mûn en 828/213 H.

ABÛ YA'QÛB AL-KHURAYMÎ. Son prénom est Ishâq. Devint aveugle dans sa vieillesse. Mort vers 213 H.

MUḤAMMAD IBN ḤÂZIM AL-BÂHILÎ. Réputé pour ses pamphlets. Mort vers 830/215 H.

DI'BAL IBN 'ALÎ AL-KHUZÂ'Î. Réputé pour ses satires. Il attaqua même les califes. Mort en 220 H.

KULTÛM IBN 'AMRÛ AL-'ATTÂBÎ. Réputé pour son style moqueur. Il fut accusé d'athéisme. Mort en 835/220 H.

NÂHIḌ IBN THÛMA AL-KILÂBÎ. Il faisait partie des poètes chevaliers. Il vécut à Bassora (Irak). Mort vers 835/220 H.

ABÛ ASH-SHIBL AL-BURJUMÎ. Son prénom est 'Aṣm ou 'Iṣâm. Mort vers 835/220 H.

MAḤMÛD AL-WARRÂQ. Il fut marchand d'esclaves. Mort vers 840/225 H.

MUḤAMMAD IBN WUHAYB AL-ḤIMYARÎ. Il adopta le chiisme et composa des élégies sur la famille du prophète. On lui confia l'éducation d'al-Fatḥ ibn Khâqân. Il était fort orgueilleux. Mort vers 840/225 H.

ABÛ TAMMÂM AṬ-ṬÂ'Î : Ḥabîb ibn Aws. Né en Syrie, il vécut à Damas, Hums (Syrie), en Égypte, en Irak et en Perse. Il avait une bonne connaissance de la pensée grecque qui était traduite à l'époque. Mort en 845/231 H.

MUḤAMMAD IBN 'ABD AL-MALIK AZ-ZAYYÂT. Fils d'un grand commerçant. C'était un ministre très orgueilleux. Condamné à mort par le calife al-Mutawakkil. Mort en 847/233 H.

DÎK AL-JINN AL-ḤIMṢÎ. Du prénom de 'Abd as-Salâm. Il n'a pas servi les monarques ou fait leur éloge dans ses poèmes. Réputé pour sa vie de plaisirs, il naquit à Hums (Syrie) en 161 H et mourut en 850/235 H.

'ÎSÂ IBN ZAYNAB. Mort en 851/237 H.

'ABD AṢ-ṢAMAD IBN AL-MU'AZZIL. Mort en 854/240 H.

IBRÂHÎM IBN AL-'ABBÂS AṢ-ṢÛLÎ. Il aimait une femme qui s'appelait Sâmar. Mort en 247 H.

'ALÎ IBN AL-JAHM. De Bagdad, il fut exilé par le calife al-Mutawakkil vers Khurâsan. Il alla à Alep où il constitua une petite armée. Mort assassiné, dit-on, par des brigands en 863/249 H.

AL-ḤUṢAYN IBN AḌ-ḌAḤḤÂK. Naquit et grandit à Bassora. Réputé pour ses poèmes sur le vin. Surnommé «le dépravé». Mort en 250 H.

ABÛ HIFFÂN AL-MIHMAZÎ. Du prénom de 'Abd Allâh. Il était dépravé. Les habits qu'il portait cachaient à peine sa nudité. Mort en 871/257 H.

IBN RÛMÎ. 'Alî ibn al-'Abbâs ibn Jarîj. Né et mort empoisonné à Bagdad en 896/283 H.

AL-BUḤTURÎ. Al-Walîd ibn 'Ubayd Allâh, Abû 'Ubâda. Mort en 897/284 H.

IBN AL-MU'TAZZ. 'Abd Allâh ibn al-Mu'tazz. Il était calife abbasside. Né en 861/249 H. Son califat a été de courte durée : un jour et une nuit. Mort assassiné en 908/296 H.

MANṢÛR AT-TAMÎMÎ. Abû al-Ḥasan, Manṣûr. Né en Arabie à Ra's al-'Ayn, mort en Égypte en 306 H.

IBN AL-'ALLÂF. Abû Bakr al-Ḥasan ibn 'Alî, plus connu sous le nom d'Abû al-'Allâf. Il était aveugle. Mort en 318 H.

ABÛ BAKR AṢ-ṢANAWBARÎ. Abû Bakr, Aḥmad. Réputé pour ses descriptions de la nature. Il faisait partie des poètes de Sayf ad-Dawla. Mort en 945/334 H.

ABÛ AL-QÂSIM AZ-ZÂHÎ. Abû al-Qâsim 'Alî. Marchand de coton. La majorité de ses poèmes portait, dit-on, sur *ahl al-bayt* (la famille du prophète). Mort en 352 H.

AL-MUHALLABÎ. Abû Muḥammad al-Ḥasan ibn Muḥammad, il était ministre. Mort en 352 H.

AL-MUTANABBÎ. Abû aṭ-Ṭayyib Aḥmad. Né à Kûfa (Irak). Il était orgueilleux, vaillant et aventurier. Mort assassiné lors de son retour vers Bagdad en 965/354 H.

ABÛ FIRÂS AL-ḤAMADÂNÎ. Al-Ḥârith naquit en 932/320 H. Il fut fait prisonnier lors d'une conquête contre les Byzantins. Son incarcération dura sept ans. Mort en 967/357 H dans une bataille près de Hums (Syrie). On apporta sa tête à son neveu Abû al-Ma'âlî lorsqu'il prit le pouvoir après Sayf ad-Dawla.

KUJÂSHIM. Abû al-Fath Mahmûd. Natif de Ramla (Palestine). Mort en 330 H ou 350 H. On donna également ces deux dates : 360 et 362 H.

AS-SARÎ AR-RAFFÂ'. Abû al-Hasan as-Sarî ibn Ahmad al-Kindî de Mûsil. Pauvre de naissance, il fit partie des poètes de Sayf ad-Dawla. Mort en 362 H.

AL-WA'WÂ' AD-DIMASHQÎ. Son prénom est Muhammad et son surnom Abû al-Faraj. Natif de Damas. Mort en 370 ou 390 H.

TAMÎM IBN AL-MU'IZZ. Prince fatimide. Il naquit en Tunisie et connut la vie des cours et des palais. Il alla ensuite en Égypte où il mena la belle vie. Mort en 385 H.

AL-AHNAF AL-'AKBARÎ. Abû al-Hasan 'Aqîl ibn Muhammad, surnommé « poète des gueux ». Mort en 385 H.

IBN AL-HAJJÂJ. Abû 'Abd Allâh al-Husayn ibn Ahmad. Mort en 391 H.

IBN WAKÎ' AT-TANÎSÎ. Abû Muhammad al-Hasan ibn 'Alî. Né en Égypte et mort en 393 H.

AS-SULÂMÎ. Abû al-Hasan Muhammad ibn 'Abd Allâh. Mort en 393 H.

AL-WÂSÂNÎ. Al-Husayn ibn al-Hasan. Originaire de Damas, mort en 393 H.

ABÛ AR-RUQA'MAQ. Mort en 399 H.

AL-MUTAYYAM AL-IFRÎQÎ. Muhammad. D'origine africaine, il s'installa à Ispahan. Mort en 400 H.

IBN LANKAK. Abû al-Hasan Muhammad. Il composa des pamphlets contre al-Mutanabbî. Dans l'ensemble de sa poésie, il se plaignait du temps. Mort vers 400 H.

ASH-SHARÎF AR-RADÎ. Abû al-Hasan Muhammad. C'était un notable fier de sa personnalité. Il rassembla les discours de l'imam 'Alî dans l'ouvrage *Nahj al-Balâgha*. Mort en 1015/406 H.

IBN BÂBIK. Abû al-Qâsim ʿAbd aṣ-Ṣamad, de Bagdad. Mort
en 410 H.

MIHYÂR AD-DAYLAMÎ. Réputé pour sa ferveur chiite. Mort
en 428 H.

ABÛ AL-ʿALÂ' AL-MAʿARRÎ. Du prénom de Aḥmad. Il naquit
à al-Maʿarra (près d'Alep). Il commença à composer des
poèmes dès l'âge de onze ans. Il devint aveugle dès l'en-
fance à cause de la variole. Mort en 449 H.

III. *Période post-abbasside*

Rassemble les poètes ayant vécu aussi bien sous les
Omayyades d'Occident (émirat puis califat de Cordoue,
756-1031) que pendant la période du déclin de l'empire
abbasside, jusqu'à ce que le dernier Abbasside cédât le
califat au sultan ottoman Selim Ier en 1517.

IBN ʿABÎ HUṢAYNA. Le prince Abû al-Fatḥ ibn ʿAbd Allâh. Né
probablement à al-Maʿarra (près d'Alep) avant 390 H.
Mort en 407 H.

IBN ZAYDÛN. Abû al-Walîd ibn ʿAbd Allâh. Né à Cordoue
en 1003/394 H et mort à Séville en 170/463 H.

IBN RASHÎQ AL-QAYRAWÂNÎ. Abû ʿAlî. Né à al-Mohammadia
au Maroc. Il émigra vers al-Qayrawân en Tunisie puis
vers la Sicile où il mourut en 463 H. Connu comme
l'auteur de *Kitâb al-ʿumda.*

ṢARRA DURR. Le *Raîs* Abû Manṣûr ʿAlî ibn al-Ḥasan ibn ʿAlî
ibn al-Faḍl. Né avant 400 H et mort en 465 H dans un
piège creusé pour un lion.

IBN SINÂN AL-KHAFÂJÎ. Abû Muḥammad ʿAbd Allâh ibn
Muḥammad plus connu sous le nom d'Ibn Sinân al-
Khafâjî al-Ḥalabî. Il était prince. Mort vers 466 H, il fut
enterré à Alep. Il fut l'élève d'Abû al-ʿAlâ' al-Maʿarrî.

MUHAMMAD IBN ʿAMMÂR AL-ANDALUSÎ. Abû Bakr. Né en
Andalousie en 1031/422 H dans une famille très modeste.

Il s'illustra comme grande personnalité politique dans l'histoire de Banû 'Abbâd à Séville. Il fut exilé, emprisonné et assassiné par al-Mu'tamid ibn 'Abbâd, qui le tua à coups de hache en 1084/475 H, et fut enterré avec ses menottes.

AṬ-ṬUGHARÂ'Î. Abû Ismâ'îl al-Ḥusayn surnommé Mu'ayyid ad-Dîn al-Aṣbahânî. On l'accusa d'athéisme. Il est mort assassiné en 514 H.

IBN AL-KHAYYÂṬ. Abû 'Abd Allâh Aḥmad ibn Muḥammad 'Alî at-Taghlubî. Il naquit à Damas en 450 H. Son père était tailleur. Il est mort en 517 H.

AL-ADÎB AL-GHUZZÎ. Abû Ishâq Ibrâhîm ibn 'Uthmân ibn Muḥammad al-Kalbî. Né en 441 H à Gaza (Palestine) et mort en 524 H.

IBN ḤAMDÎS. 'Abd al-Jabbâr ibn Ḥamdîs. Né en Sicile en 1055/447 H. Et mort à Bijâya (Tunisie) loin de sa patrie en 1133/527 H.

ẒÂFIR AL-ḤADDÂD. Abû Manṣûr Zâfir ibn Qâsim al-Judhâmî al-Ḥaddâd. Mort à Alexandrie en 528 H.

IBN AZ-ZAQQÂQ. Abû al-Ḥasan 'Alî ibn 'Aṭiyya est un poète andalou. Mort vers 1134/530 H.

IBN KHAFÂJA AL-ANDALUSÎ. Abû Ishâq Ibrâhîm. Né en 451 H en Andalousie et mort en 533 H. Il mêlait parfois prose et rime dans un même poème. Mort en 533 H.

ABÛ BAKR IBN BAQÎ. Abû Bakr Yaḥyâ ibn Muḥammad ibn Baqî al-Andalusî. Il a écrit plus de trois mille poèmes. Mort en 540 H ou 545 H.

MUJBIR AṢ-ṢIQILLÎ. Il naquit en Sicile en 464 H et mourut en Égypte en 540 H.

IBN QASÎM AL-ḤAMAWÎ. Abû al-Majd Muslim ibn Qasîm al-Ḥamawî at-Tanûkhî. Il mourut en 541 H.

MUḤAMMAD IBN 'ALÎ AL-HÂSHIMÎ. D'après al-Adfawî, Muḥammad ibn 'Alî al-Hâshimî est mort en 544 H.

AL-ARRAJÂNÎ. Nâṣiḥ ad-Dîn Abû Bakr Aḥmad ibn Muḥammad ibn al-Ḥusayn al-Arrajânî fut juriste. Il naquit en 460 H et mourut en 544 H.

AL-ADÎB AL-QAYSARÂNÎ. Abû 'Abd Allâh Muḥammad ibn Naṣr ibn Saghîr al-Qaysarânî al-'Akkâwî. Né en Palestine en 478 H et mort en 548 H à Damas (Syrie).

ṬALÂI' IBN RAZZAYK. On le surnomme le Ministre égyptien. Il fut gouverneur du Caire en 549 H après la mort du calife Aẓ-Ẓâfir bi Amri Allâh jusqu'à sa mort en 556 H.

IBN QULÂQIS. Naṣr ibn 'Abd Allâh ibn 'Alî ibn al-Azharî, né en Alexandrie en 503 H. Il vécut en Sicile et au Yémen.

ḤAMMÂD AL-KHARRÂṬ. Ḥammâd ibn Manṣûr al-Buzâ'î. Mort en 565 H.

'URQULA AL-KALBÎ. Abû an-Nadâ Ḥassân ibn Numayr. Né à Damas en 486 H et mort en 567 H.

AL-BÛṢIRÎ. Muḥammad ibn Sa'îd aṣ-Ṣanhâjî. Né en 806 H et mort en 695 H.

ṢAFÎ AD-DÎN AL-ḤILLÎ. Abû al-Maḥâsin 'Abd al-'Azîz ibn Sarâyâ ibn Naṣr aṭ-Ṭâ'î as-Sanbusî. Né en 1277/677 H et mort à Bagdad en 1339/752 H. Il était très vaillant et participa à la guerre contre Hulâkû.

IBN NUBÂTA. Muḥammad, connu sous le nom de Jamâl ad-Dîn ibn Nubâta. Né au Caire en 686 H et mort en 768 H.

AL-BÛRÎNÎ. Ḥasan Badr ad-Dîn. Il parlait le turc et le persan. Il naquit en 963 H et mourut à Damas en 1024 H.

IBN AL-JAZARÎ. Ḥusayn ibn Aḥmad. Originaire d'Alep. Il paraît qu'il mourut jeune lors de la première moitié du XVIIᵉ siècle de l'ère chrétienne.

YÛSUF IBN 'UMRÂN AL-ḤALABÎ. Grand homme de lettres. Il vécut lors de la première moitié du XVIIᵉ siècle.

IBN AN-NAḤḤÂS. Fatḥ Allâh. Né à Alep, il s'installa à Damas puis au Caire. Mort à Médine en 1642/1052 H.

AHMAD IBN SHÂHÎN AD-DIMASHQÎ. Originaire de Chypre, acheté par un prince qui l'éleva à Damas. Il pratiqua l'alchimie. Il naquit en 995 H et mourut en 1053 H.

MUNJUK AD-DIMASHQÎ. Le prince Munjuk ibn Muhammad ibn Munjuk al-Yûsufî ad-Dimashqî. Mort en 1080 H.

INDEX

Table 311

II. PÉRIODE ABBASSIDE

Table 313

III. PÉRIODE POST-ABBASSIDE

Table 315

Ce volume,
le quatre cent quarante-troisième
de la collection Poésie,
composé par Interligne
a été imprimé par CPI Bussière
à Saint-Amand (Cher), le 3 novembre 2008.
Dépôt légal : novembre 2008.
Numéro d'imprimeur : 083419/1.
ISBN 978-2-07-035837-3./Imprimé en France.

159878